あなたの人生が変わる
奇跡の授業

比田井和孝　比田井美恵

三笠書房

この本は、長野県のある専門学校で、今も実際に行われている授業を、
話し言葉もそのまま、臨場感たっぷりに書き留めたものです。
授業の名は「就職対策授業」。
しかし、この名のイメージからは大きくかけ離れた
アツい授業が行われているのです。
「仕事は人間性でするもの」という考えに基づいたテーマは、
「人として大切なこと」。
真剣に学生の幸せを願い、生きた言葉で語る教師の情熱に、
あなたの心は感動で震えることでしょう。
そして、この本を読み終えたとき、
あなたは「幸せな生き方」の意味に気付くはずです。
教室には、あなたの席も用意してあります。
このページを開けば、あなたももう、クラスの一員です。
このたった一度の授業が、あなたの人生を大きく変えるに違いありません。
さぁ、もうすぐチャイムが鳴りますよ……。

比田井美恵《ひだいみえ》

目次

オリエンテーション（授業の前に）

「幸せ」になるための授業、約束します！

1時間目

「あいさつ」は自分を変える。自分が変われば周りの世界が変わる

2時間目 「掃除」は「心」もきれいにできる

3時間目　「素直」は人をどこまでも成長させる

4時間目 「人生の役割」を見つければ、進むべき道が見つかる

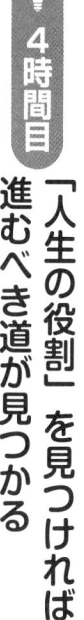

特別授業3

「与える者は与えられる」
――『鏡の法則』著者：野口嘉則さんに学ぶ

下校前に

※本文中の　　部分の文章は著者による他出版物およびホームページ・ブログ等からの引用を指します。

オリエンテーション
（授業の前に）

「幸せ」になるための授業、
約束します！

みなさん、おはようございます！

私、比田井《ひだい》和孝《かずたか》と申します。

よろしくお願いします！

これから、**ここにいるみなさんの「幸せ」のために、**

私は「本気」でお話しします。

ぜひ、**心を開いて**私の話を聴いてください。

1. この授業の目的

さて、まず本授業の前にお伝えしたいことは、

「この授業の目的は何か」

「至誠《しせい》を貫くことが幸せにつながる」

この2つです。早速ひとつ目、「この授業の目的は何か」です。

私は、みなさんが周りの人から信頼され、必要とされ、**『あの人とだったら一緒に働きたい』**と思ってもらえる人になること……それが、みなさんの「幸せ」だと、思っています。

つまり、**この授業の目的は、「みなさんに幸せになってもらうこと」**なんです。

ですから、そのつもりで授業を受けていただきたいのです。

2. 4つの「じんざい」

よく、「人材」という言葉を使いますが、実は、この「じんざい」の「ざい」にあてられる漢字には次の4つがあるそうです。

「人罪」、**「人在」**、**「人材」**、**「人財」**。

「人罪」は「罪な人」ですから、人に迷惑を掛ける人です。

例えば、仕事がいつもいい加減でトラブルを起こしたり、イジメをしたり、人の悪口ばかり言っているような人です。

「人在」は「存在する人」です。「そこにいるだけ……」という感じの人かもしれませんね。

「人材」は、仕事もきっちりやってくれて、技術も知識もあるんだけれど、**「も**

しも辞めてしまっても、同じ技術や知識がある人で補える、という人」です。

「材料」ですから、代えがきくんですね。

「人財」は**「財産となる人」**です。「君がウチの会社にいてくれて、本当に良かった」「君の代わりはいないよ」と言ってもらえるような人です。

私はみなさんには、なんとしても「人財」になってほしいと思うんです。

じゃあ、「人材」と「人財」の違いは何だと思いますか?……それは**「人間性」**です。

なぜかと言うと、私は、**仕事は「知識や技術」でするものではなく、「人間性」でするもの**だと思うからです。

ですから、この授業では**「人として大切なこと」**や**「何のために働くのか」**についていろいろな角度から話し、みなさんと一緒に考えていきます。

この授業が、**「自分を見つめ直し、自分を変えるきっかけ」**になってくれればいいと思っています。

社会においては、どういう心構えで臨むのか、という「心のあり方」が大切だと思うからなんです。

「あり方」なしに、「やり方」だけ教えても、まったく意味がないでしょう。

逆に**「あり方」さえしっかりしていれば、「やり方」は自分で考えられるようになるんです。**

この授業で「あり方」をきっちり身に付けて、いい仕事ができる人、必要とされる人になって、**みんな幸せになってほしい**……そんな風に思っています。

3.「至誠」を貫く、吉田松陰《よしだしょういん》の松下村塾《しょうかそんじゅく》

さて、みなさん「吉田松陰」という人、知っていますか？

その吉田松陰、本当にものすごい人です。

吉田松陰は、江戸時代後期、幕末の人です。

長州の片田舎……今の山口県の「萩《はぎ》」という場所で、**「松下村塾」**という学校

を開き、たった1年と1カ月、79人の若者に、いろんなことを教えました。

でね、その門下生には、高杉晋作《たかすぎしんさく》、久坂玄瑞《くさかげんずい》、よくTVの新撰組に登場してくる桂小五郎《かつらこごろう》……後の木戸《きど》孝允《たかよし》、伊藤博文《いとうひろぶみ》、山縣有朋《やまがたありとも》という人がいたんです。

そして、なんと、その時代に門下生の中で、5、6人がヨーロッパに留学しているんです。言葉もわからない、あの時代に。

ヨーロッパってどこにあるの?どうやったら行けるの?って時代にヨーロッパに留学しているんです。

日本を良くするためにヨーロッパに学ぼうって言って。

さらに、その門下生の中から、明治維新後の総理大臣が二人、ちなみに、**伊藤博文**が初代総理大臣ですよね。**山縣有朋**が三代目の総理大臣です。

そして10数名の大臣……今で言えば、文部科学大臣とかね、そんな大臣が、10数名も出たんです。

で、すごいのは、「79名の若者」って書いてありますが、別に優秀な人たちを集めたわけじゃないんですよ。

まさに、片田舎の若者です。そこには、農民の子供もいたそうです。

武士の子供もいたそうです。

商人の子供もいたそうです。

いろんな子供です。**別に優秀な人を集めたわけじゃない。**

そこでたった1年と1カ月教えただけで、その中から、こんなすごい人たちが出てきている。

これは、**「奇跡の学校」**と言われているそうですけど。

さぁ、気になりますねぇ～。

吉田松陰は、ここで何を教えたんだ？

吉田松陰は、子供達から「松陰先生」と呼ばれていたのですが、松陰先生が教えたことは、結局その79人の若者達に、

「お前は何のために生まれてきたのか」

「お前の生まれてきた役割は何か」

ということを教えた……というよりは、**気付かせた**ということです。

「お前の長所はこういうところだぞ。これから、それを活かして、どう世の中の

役に立って行くんだろう?」って。

自分の長所……役割に気付いた人は、すごいパワーを発揮しますよ。

その後、松陰先生は処刑されてしまうのですが、松陰先生がいなくなった後も、自分の力で活躍しちゃうんですから。日本のために。

中には、こんなことを言う門下生もいたそうです。

「松陰先生、世の中に生まれてきた役割って言われても、私にはわかりません」

そんな門下生に対して、松陰先生は、こう言ったそうです。

「〝至誠〟を貫きなさい。〝至誠〟とは、普段やらなければいけないことを、真剣に本気で、誠意を持ってやることだ。

朝起きたら、玄関の掃除、鳥のエサやり、布団干し……そういうことを真剣にやりなさい。

絶対に手を抜かないで、とにかく真剣にやりなさい。

そうしたら、いつか自分の役割が必ずわかる」

みなさんであれば、あいさつはしっかりするとかね、学校には絶対に遅刻しないで行くとか、人の話をちゃんと聴くとか、そういうことを誠心誠意やりなさいってことなんです。

そんなことで、役割ってわかるのかなぁって思うかもしれませんが、わかると思います、私は。

勉強だけじゃ、まだわからないかもしれませんが、みなさんがこの後、仕事に就いたとき、その仕事を本気で誠心誠意やっていったら、いつか必ずわかります。私もそうでしたから。

そのとき与えられた仕事を、本気できちっとやっていったら、「あ、自分が生まれてきた役割ってこういうことかなぁ」と気が付きます。

だから**普段が大事**なんですね。何でもそうですけど、普段どれだけのことをやっているか、それが大事だと、松陰先生は教えたそうです。

松陰先生の話で伝えたいことは、

「普段の生活で、至誠を貫くこと」

「自分だけの人生の役割に気付くこと」

この2つがどれだけ大事か、ということです。

「株式会社S・Yワークス代表取締役」の佐藤芳直さんが吉田松陰のことを細かく研究されていて……あ、芳直さんっていうのは、以前は、船井総研にいらっしゃって、あの船井幸雄さん㈱船井総合研究所最高顧問）から、10年に一人の天才コンサルタント」と言われていたほどの方です。

その芳直さんから、この吉田松陰のいろんなお話をお聞きしたのです。

4. 本気の鍋洗い、三國《みくに》清三《きよみ》さんの「至誠」

もうひとり、「至誠」を貫いた方を紹介します。

オテル・ドゥ・ミクニというレストランをつくった三國清三さんというシェフがいらっしゃいます。三國さんと言えば、フランス料理の第一人者です。

「世界に知られる日本人シェフ」のひとりと言われています。

三國さんは、昭和29年に生まれました。で、なんと昭和44年、15歳のときに北海道でナンバーワンって言われる札幌グランドホテルの厨房《ちゅうぼう》に入ります。

この人、ものすごい才能があったんですね。

たった数年間働いただけで、若くしてそこの花形シェフになるんです。

でも三國さんはまだまだ志が高くて、料理の頂点を目指して東京に行くんです。

行った先は、帝国ホテル。当時、日本一のホテルです。

そのとき、総料理長は村上信夫《むらかみのぶお》さん。「ムッシュ村上」と呼ばれていた方で、日本のフランス料理界では最高峰とされていた人です。

三國さんは初日に、その村上さんから**「鍋でも洗ってもらおうか」**と言われます。

三國さんにしてみれば、「俺は札幌グランドホテルで人気シェフだったんだ！」というプライドもあったでしょう。

「その俺に、鍋洗いをさせるとは、どういうことだ！」ってムカッとなったそうです。でも三國さんはさすがです。

「それなら、三國の鍋洗いを見せてやろう」と思い、その日は徹夜で、鍋の取っ手のネジまで外して、きれいに磨き上げたそうです。

そして、翌朝その鍋を調理台の上にズラ～ッと並べておいたそうです。

村上さんはそれを見て、三國さんに「きれいに洗えていたね」と言ったそうです。

そして、三國さんが「今日は何をさせてもらいましょう？」と聞いたところ、また、「そうだなぁ、鍋でも洗ってもらおうか」と言ったんですって。

で、なんと、このあと**三國さんは2年もの間、鍋洗いをし続けた**そうです。

もちろん、悔しかったそうですが、でも、三國さんの偉いところは、そのときに、**「鍋洗いなんて……」と手を抜くようなことはしなかった**ことです。

「そんなこと言うのなら、俺の鍋洗いを見せてやる！」と来る日も来る日も鍋をピカピカに磨き続けたんですね。隅々まで。

でも、さすがに2年間も鍋洗いを続けて、「このままここにいても料理の腕は上がらない」と思ったらしいですね。

もう、村上さんのところに行って「辞めさせてください」と言おうかと思っていたところ、逆に村上さんに呼ばれて、

「来月から、スイスの日本大使館の料理長をやってもらう」

と言われたんですって。これ、ものすごい大抜擢《ばってき》ですよ。

鍋洗いばかりしていたんですよ。三國さんは。

料理なんて、ほとんどやらせてもらっていません。帝国ホテルに来てからの、この2年間。しかも、まだ二十歳ですよ。二十歳。

スイスの日本大使館と言えば、各国の王室関係者、首相、外務大臣などが訪れるわけですよね。

そんなところの料理長となれば、夕食会や公式行事でＶＩＰを料理でもてなすのですから、本当に大事なことですよね。周りの人は猛反対したそうです。

「鍋洗いしかしていない三國を、何でそんなところに行かせるんですか⁉︎他にもっと優秀な料理人がたくさんいるじゃないですか！」

当時、帝国ホテルには料理人が６００人以上いたそうですよ。

そのとき村上さんは、

「鍋洗いひとつ見れば、その人の人格がわかる。技術は人格の上に成り立つものだから、あいつだったら間違いない」

って言ったそうです。すごいじゃないですか。でも、それくらいの鍋洗いだったってことですよね。本気の鍋洗いですよね。三國さんは、**「料理道具がきれいでなければ気持ち良く料理を作れない。もちろん、いい料理なんて作れないはずだ」**という信念があったため、他の誰よりも鍋をきれいに磨き上げないと気がすまなかったそうです。これ、まさに**「至誠」**だと思います。

普段やらなければいけないことを徹底的に真剣にできる人ってすごいですよ。

村上さんが言うには、実は、三國さんは鍋洗いひとつとっても要領とセンスが良かったそうです。戦場のような厨房で、次々に鍋洗いや雑用をこなし、下ごしらえをし、タイミング良くシェフのサポートをする。これは、三國さんが、雑用に対しても、「至誠」を持って取り組んだ結果ではないでしょうか。また、三國さんは素材への塩の振り方が巧みで、実際に料理を作らせてみなくても、それで腕前の程がわかったそうです。村上さんは、ちゃんと見ていたんですね。

至誠、大事ですね。本当に。

5. 「3つの約束」で人間力が高まる

さて、みなさんの、普段やらなければいけないことって何ですか？

普段やらなければいけないこと……これは「当たり前のこと」とも言えます。

みなさんが「人財」になるためには、「当たり前のこと」をキッチリこなして、「至誠」を貫くことが、大事なんじゃないでしょうか。

そういうことこそ、**「人として大切なこと」**だと思うんです。

私は、当たり前のことの中でも、特に**「あいさつ・掃除・素直」**の3つが大事だと思っています。

この3つの言葉を聞いて「な〜んだ、そんなことか」と思った人もいると思います。でも、実際自分の行動を振り返ってみてください。

「いつでも誰に対しても、本物のあいさつができますか?」

「誰も見ていなくても、隅々までトイレ掃除ができますか?」

「他人の考えを受け入れて、素直に話を聴くことができますか?」

意外とできないんですよ。

でも、だからこそ、この3つがキチッとできる人は、いい仕事ができる人になれると思っているんです。これから授業を聴いたら約束してください。

「あいさつ・掃除・素直」をキッチリやると。「3つの約束」です。

どうですか? できそうですか? 当たり前のことを当たり前にやるってね、本当に難しいんです。この言葉、私、好きなんですけど、

「一番大切なことは、一番大切なことを一番大切にすることである」

何を大切にしなきゃいけないかって、みんな知ってはいるんだけど、実際にはそれができていない人がどれだけ多いかってことですよ。

だからこそ、こういう**当たり前のこと……「人として大切なこと」をキチッとやって人間的に大きく成長して、「人財」と言われる人になってほしい**んです。

「人財」になれたら、こんなに幸せなことはないと思います。

会社では、「君がいてくれて本当に良かった」と感謝され、お客様に喜んでもらえるようないい仕事ができる……そんな人なら、幸せな家族を持って、幸せな人生を送って、感謝しながら人生を終えることができると思うんです。

幸せじゃないですか。そうなったら。

みなさんには、幸せになってほしいんです。

みなさんが、本当に幸せになるための授業を、私がお約束します。

私は「本気」です。

1時間目

「あいさつ」は自分を変える。
自分が変われば周りの世界が変わる

あいさつは、人として生きていくうえで最も大切な流儀。

相手からあいさつをされて一応声を出すとか、うつむいて小さな声で言うあいさつは「本物のあいさつ」ではありません。

「自分から」「笑顔で」「大きな声で」「心をこめて」「相手の目を見て」言えて、初めて「本物のあいさつ」と言えます。

今まであいさつが苦手だった人は、ぜひ自分からあいさつしてみてください。

きっと周りの世界が……あなたを見るみんなの目が変わってきます。

1. あいさつが大事だと思うその心が大事

さて、1時間目は、「あいさつ」についてお話しします。

私は、この学校に来たときから、特にあいさつに関しては、「みんなちゃんとやろう！」ということで、指導してきたつもりです。

その経験から、わかったことがあります。

実は、毎年こんな傾向があったんです。

はじめは、みんなちゃんと一生懸命やってくれるんですよ。

ところが、だんだんと、廊下ですれ違って、こっちがあいさつしても返してくれないとか、声をかけても振り向いてもくれなくなってくる、なんて学生が出てくるんです。数年前まで、毎年そうでした。

不思議ですよね～。**初めは、やってくれるのに、どうしてだんだんできなくな**

ってしまうんだろう？って、ずっと疑問に思っていました。

で、ひとつ出た答えがあります。

それは、私の指導の仕方に問題があったんです。

私は、それまでは、「あいさつの仕方」を教えていただけなんですね。

本当に、教えなきゃいけなかったのは、**「あいさつの心」**だったんです。

「あいさつの心」を理解していれば、放っておいても、どんどんあいさつは上達するはずですよ。

少なくとも、「昨日より今日のほうができなくなる」なんてことは、ないはずです。

やり方だけ教えると、みんなは、「先生が見ていないところではやらない」とか、だんだん「恥ずかしい」「めんどくさい」となっちゃうじゃないですか。

きっとみなさん、幼稚園や小学校の頃は、本当に元気なあいさつをしていたと思うんですよ。うるさいほどの大声で。ところが、中学、高校と、だんだんあいさつできなくなる人って多いですよね～。

不思議ですよね〜。

普通、成長するにつれて、何でもだんだんうまくなるものですが、あいさつに関しては、どんどんできなくなっていくんです。

で、私は、ひとつの答えとして、「あいさつが大事」なんじゃなくて、**「あいさつが大事だと思うその心が大事」**なんだってことに気付きました。

「あいさつって大事だよな〜」と思う心を持っている人だったら、このあと、あいさつができなくなるなんてことは、ないはずなんです。

だから、私は、それ以来、**どうしたらみんなに「あいさつの心」を伝えられるか**ということを考えて、こうやって授業をしています。

2. うまくいかない組織には共通点がある

ひとつね、ある経営コンサルタントの方から聞いた面白い話があるんです。

経営コンサルタントっていうのは、いろんな業種のいろんなノウハウを持っている人です。

「こうやれば売上が上がる」とか、「こうやれば会社がうまくいく」というノウハウをたくさん知っていて、いろんな会社にそのノウハウを教えて、「こうするとうまくいきますよ」というアドバイスをしてあげるんですね。

そのコンサルタントの方が、ずぅ～っと気になっていたことがあるそうなんです。

それは、**「こうすればうまくいきますよ」というノウハウを、ある会社に持っていってやってもらうと大成功するのに、別の会社に持っていくと、全然うまくいかない……ってことがある**んですって。

同じノウハウなのに、なんで、うまくいく会社と、うまくいかない会社があるんだろう？……ってず～っと思っていたそうです。

で、最近やっと答えが出たそうです。

それは、不思議なことに、

「組織の中で……会社の中で、社員同士、気持ちのいいあいさつができないとこ

ろに、どんなノウハウを持っていっても、うまくいかない」

ってことだったそうです。


ノウハウって、「やり方、手法」のことなので、ある意味「形」なんです。だから、形だけ真似すれば、うまくいくような気がするじゃないですか。

だけど、あいさつができないような組織には、どんなにいいノウハウを持っていってもうまくいかないいんですって。

3. あいさつとは相手に心を開くこと

で、今度はその話を、私が尊敬する木下晴弘《きのしたはるひろ》さん（株式会社アビリティトレーニング　代表取締役）が分析していました。

「なぜ、あいさつのできない組織にすばらしいノウハウを持っていってもうまくいかないか」という話の前に、「あいさつ」とは何か、というところから説明しないといけません。

木下さんが言うには、**「あいさつとは、相手の存在を認め、相手に対して心を開くこと」**なんですって。

ですから、逆に言えば、「相手からあいさつをされれば返すけど、自分からはしない」というのは、「相手を無視している、存在を認めていない」ということになるんです。

もちろん、心を開いていない状態です。

で、結局、**組織の中であいさつができないっていうことは、「その組織の中のひとりひとりが同じ組織のみんなに心を開いていない」**っていうことなんです。

そして、心を開いていない人っていうのは、どんなにいい話でも、どんなにいいノウハウでも、「そんなこと言ったって、うまくいくのか～？」という気持ちで聞いているわけですよ。

そんな気持ちで嫌々行動したって効果が出ないのは、当たり前ですよね。

あいさつのできる組織なら、誰に対しても心を開いているわけですよ。

心を開いて人の話を聴くことができれば、「あ、なるほどそうか！　それなら、ちゃんとやってみよう」って思うことができるわけです。

みんながそう思ってやってくれるような組織だったら、そのノウハウは一気に生きてくるんですね。

これは、人間も一緒です。

常に心を閉じて、人の話を聞くにも、「そんなこと言ったって、そんなうまくいくわけないよ～」って思っている人は、なかなか成長できません。

では、**人に対して心を開けない人は、人からも心を開いてもらえないん**です。

逆に、**人に対して、いつも気持ちのいいあいさつをして、心を開ける人は、他の人も心を開いてくれますよ。**

私も卒業生を何百人と見てきましたが、**心を開いてくれる学生に対しては、**やっぱり**「なんとかしてやりたい」**という気持ちになりますよね。

でも、何度も何度も言ってても言うことを聞かない、**心を開いてくれない学生に対しては、「この子には、何を言ってもわかってもらえないんだ……これ以上言っても無駄なのかも……」**って思ってしまうことが、どうしてもあります。すごく悲しい気持ちになります。

それに、そう思われてしまったその子は、幸せとは言えないでしょう。

4. まずは自分から

これは、就職した後も同じです。

上司に注意されても、心を開いていなければ、上司は何も注意しなくなりますよ。

だから、自分から心を開かなくてはダメなんですよ。

ここで、こういうこと言う人、いますよ。

「あいつが心を開いてくれれば、自分だって心を開くのに」

あいさつも一緒じゃないですか。

「先生があいさつしてきたら、するよ」というのは、「あいつが俺に対して心を開いてくれれば、俺だって心を開いてやるよ」というのと同じです。

これね、うまくいかないんですよ。

「まずは、自分から」

自分から心を開かないと、周りの人も心を開いてくれないんです。

周りの人が、心を開いてくれなかったら、自分が心を開いていないということです。

周りの人が、親切にしてくれなかったら、それは自分が周りの人に親切にしていないっていうことです。

周りの人が、あいさつしてくれなかったら、自分が周りにあいさつをしていないというだけのことです。

5. 本物のあいさつとは

「自分から、相手の目を見て、大きな声で、笑顔で」


私が考える「本物のあいさつ」はこれです。

あいさつでは、**「自分から」**というのが、一番大事だと思っています。

自分から言えなかったら、レベルとしては半分以下かなと思っています。

勇気を持って、「自分から」してほしいですね。

「自分からあいさつしても、もしかしたら、相手はしてくれないかも……」

と考えると、ちょっと勇気いるじゃないですか。

でもね、**その勇気が大事**なんだな。

ぜひ、先生にだけじゃなくて、友達に対しても、自分からあいさつしてほしいなと思っています。

そしてね、**「相手の目を見て」**。これ重要です。

自分からあいさつしてくれる人は、たいてい目を見て言ってくれるので、ＯＫなのですが、自分からあいさつできない人は、私があいさつしても、私のほうを向かずにあいさつする人が結構いるんです。

「あいさつは、その人に対して心を開くこと」ですから、**その人の目を見ずして、どうしてその人に心が開けるんですか。**

だから、「その人の目を見て」あいさつをしなきゃダメです。

さらには、それが気持ちの良い大きな声で、さらには、それが笑顔だったら、理想ですよね。

6. あいさつで周りの世界が変わったM君

あいさつに関して、こんな風に言う人がいます。

「あいさつは、人が人として生きていくうえで、最も大切な流儀です」

さらには、

「あいさつは自分を変える。自分が変われば周りの世界が変わる」

なんて言う人もいます。でね、

「あいさつは自分を変える。自分が変われば周りの世界が変わる」

っていうのはね、これ、ホントです。

公務員を目指すM君という学生がいました。

公務員試験っていうのは、一次試験は筆記で、二次試験は面接なんです。

M君は頭が良くて、一次試験はほとんど合格、3つか4つ受かりました。

ところが、面接試験で全部落とされたんです。

普通、一次試験で3つか4つ受かっていれば、次の面接試験で少なくともひとつくらいは受かるんですよ。

で、もう一度公務員に挑戦すると言って、2年目にチャレンジしていたのですが、私はM君に聞きました。

「どうしたら、今年、面接試験に合格できると思いますか？」

そしたら、その子はわかってましたね。

「自分が人間的に変わらなかったら、面接試験には合格できないと思います」

って言ったんですよ。私も実はそう思っていたんです。

例えば、M君は、あいさつもしっかりできなかったんです。

授業中も、平気で寝たり、出席率も悪かったり。

人間的に成長しなかったら面接試験に合格できないと私も思っていたのですが、

本人もわかっていたんです。

で、自分から**「今年は人間的に成長したい」**と言った。

その言葉が嘘じゃなかったんですね。

2年目、あいさつができるようになったんです。本当に。

するとM君は、こんなことを言ったそうです。

「今年、先生たち、なんだかみんな親切なんだけど」

別にひいきするとか、そういうわけじゃないです。

でもね、それはね、当たり前のことなんです。

あいさつがひとつできるようになっただけで、印象がまったく違うんですよ。

実は、職員室で彼の話はしょっちゅう出ていました。


「今年のM君は、どうしたんですか。だいぶ違うじゃないですか。

あいさつ、すごく気持ちいいじゃないですか」

「今年のM君は遅刻もしないし、授業態度もいいですね」

そんな話を先生みんなでするんですよ。


M君が1年目のときは、例えば職員室に来て、「先生、ちょっと○○の問題欲しいんだけど～……」なんて言ってきても、あいさつもできない、授業態度も悪いなんていう状況でしたから、先生たちも忙しいときは、「あ～。ごめんね、今、担任の先生いなくてわからないから、また後で来てくれる～？」なんて言ってしまうんですよ。

これが、2年目になって、**M君がそんな風に自分を変えようと一生懸命に頑張っている姿を見ています。**

すると先生たちは、たとえ忙しくても、自分の仕事を後回しにしてでも、**「あいつのために、なんとかしてやろう！」**っていう気に自然となるんですよ。人間だから。

「よし、ちょっと待て。何の問題だ？　コピーしてやるから」となるんですよ。

それを当然本人も感じますよね。

「今年、先生たちの態度が違う」

でも、それは、M君が変わっただけのことですよ。

別に先生たちが「今年は優しくしてあげましょう」なんて決めているわけでもなんでもないのに、自然とそうなってしまうんですよ。

まさに、**「自分が変わると周りの世界が変わる」**んですよ。

7. あいさつの心があれば、いい仕事ができる

朝、誰かと会ったときに大きな声であいさつする、授業の最初と最後にキチッとあいさつをする――あいさつってそれだけじゃないと思いますよ。

さらに突き詰めていくと、**人に物を頼むときとか、自分が何か間違いや失敗をしてしまったときにキチッと謝る**とか、**人から何か親切にしてもらったときに心をこめてお礼を言える**とか。

ここは、すごく大事ですよね。

もし、「面接試験のときだけ、きちんとすればいいや」とか考えている人がいたとしたら、それは大きな間違いです。

普段から、誰に対しても気持ちのいいあいさつをしていないと、ここぞっていうときのあいさつは、やっぱり出ないんですよ。

だから、普段からやってほしいんですよ。意識して。

それに、ホントにいいあいさつって、知らず知らずのうちに、得していることが多いんです。

8. 親のあいさつが子供を幸せにする

私には、今、保育園に通っている息子がいます。

毎朝保育園に息子を預けにいくと、保育園の先生があいさつしてくれますが、それはすごく気持ちいいですね。さすがです。

で、他の親御さんも子供を預けに来ています。

私はもちろん、全員に「おはようございます！」ってあいさつをしています。

そのときに返ってくる親御さんたちのあいさつは、いろいろですね。

中には、目線も合わせず、下を向いたままで一応言うって人もいます。

それを見て思うのは、みなさんには絶対にそんな風になってほしくないないということです。

親があいさつできなかったら、子供も同じようになりますよ。

逆に、**親が気持ちいいあいさつをしていれば、絶対に子供もあいさつできるようになります。**

みなさんの子供も、いいあいさつができれば将来、絶対幸せになれるような、そんな気がします。

毎日、あいさつを交わす家庭って、それだけで気持ちいいし、幸せじゃないですか。

それに、家庭でちゃんとあいさつができるってことは、家族がそれぞれを認め合っている証拠だから、ちょっと何か問題が起こっても大丈夫なんです。

そういうものなんですよ。

あいさつとは…

1．自分の心を開くこと。
2．相手を認めること。
3．人として生きていくうえで
最も大切な流儀。

だから…

あいさつができると…

1．相手も心を開いてくれる。
2．相手も自分を認めてくれる。
3．周りの見る目が変わる。

1時間目

「あいさつ」のまとめノート

大切な言葉　覚えておきたい知識

- あいさつが大事だと思うその心が大事。
- 社員同士あいさつができない会社に、どんなにいいノウハウを持っていってもうまくいかない。
- あいさつをすると、相手の存在を認め、相手に対して心を開くことができる。
- 周りの人があいさつしてくれないのは、自分が周りにあいさつしていないというだけのこと。
- あいさつは自分から、相手の目を見て、大きな声で、笑顔で！
- あいさつは、人として生きていくうえで、最も大切な流儀。
- あいさつは自分を変える。自分が変われば周りの世界が変わる。
- 親があいさつをすると、子供を幸せにできる。

2時間目

「掃除」は「心」もきれいにできる

今まで、あなたはもしかしたら嫌々掃除をしていませんでしたか？

そんな人は、これからは自分から進んで、心をこめて掃除をしてみましょう。「こんなにきれいにしておけば、ここを使う人は気持ちいいだろうな」……そんなことを考えながら掃除をすれば、自分も気持ちいいはずです。

そして、**「掃除は外見をきれいにするだけでなく、心もきれいにできる」**ということに気が付くでしょう。

誰も見ていないところでも、一生懸命、楽しんで掃除をすれば、自分の心もどんどんきれいになっていくはずです。

1. トイレ掃除は心の掃除

今日は、「掃除」についてお話しします。

突然ですが、今、みなさんの心はきれいでしょうか？

将来幸せになるには、やっぱり、心をきれいにしたいですね。

ところが、心というのは、形がないから、体から心を取り出して磨くということはできません。

でも、**形のある、目の前にあるもの、例えば汚れたトイレをきれいにすることで、心はどんどんどんどんきれいになっていくのではないでしょうか。**

トイレは、最も汚れているところです。

そこをきれいにできるかどうかって、大きい気がします。

人は、いつも見ているものに、心が似てくるんです。

だから、身の回りをきれいにしようと心掛けている人は心もきれいになっていくんです。心を磨くことになるんです。

いつも汚い所にいて、それが平気になってくると、どんどん心がすさんでいきますからね。

2. 心の腰、心の目、そして笑顔

いくつか、掃除のポイントをお話ししますね。

私が考える、掃除のポイントのひとつ目……それは**「腰」**だと思っています。

「腰を入れろ」って、よく言いますよね。

これは、物理的に「腰を入れてやるんだ」っていう腰もそうですけど、結局「心」ですよ。

「きれいにするんだ！」という「心の腰」が入っていれば、自然と「体の腰」も

入るんじゃないでしょうか。

結局、本気できれいにしようと思っているかどうか、ブラシの先まで魂が入ってるかどうかだと思います。

なんとなく、形だけ「きれいにすればいいんでしょ〜」と思っている人は、腰も入らないいんじゃないかと思います。

ポイントの2つ目は、**「目線」**。

これは、**心の目線**とでも言いましょうか。

例えば、「トイレ」。上から、見えるところだけチャッチャッチャ〜と磨いているかもしれません。

でも、特にトイレなんて、見えないところが絶対に汚れていますよね。

だから、キツイ体勢でも、便器と同じ高さまで目線を下げるか、あるいは便器の下のほうから見る。そうすると、汚れているところが絶対にありますよね。

そこを、ひざをついて、床にはいつくばるようにしてでもガーッときれいにできるような人だったら、就職しても、絶対にいい仕事できますよ。

仕事も一緒です。

上司から、「君、この問題、解決してくれよ」って言われて、上からだけ見て、「いやぁ～、ちょっとこれ無理です！」って言う人もいれば、**その問題をありとあらゆるところから見て、「あっ、ここを直せばいいですよ！」って言える人もいますよね。そういう人が、いい仕事、できるような気がします。**

「目線」が大事ですよね。

目線を下げて、一生懸命に掃除をすると、今まで気付かなかったような汚れまで気付けるようになるんです。

そして、自分できれいにした場所には愛着がわくんですよ。

そうすると、その場所に小さなゴミがあるだけでも気になるんですね。

そういうことの繰り返しで、「箱が曲がって置いてある」「四隅がきちんとそろっていない」なんて、**いろんなことに「気付く目」**ができてくるんです。

細かなことに気付く目って、仕事のうえでも本当に大事です。

「気付く目」のレベルが上がってくると、他人の変化に気付いて気遣ってあげるとか、相手の立場に立って考えるとか、そんなことまでできるようになってくるんですよ。これ、ホントです。

そしてね、**気付く人は、自分はもちろん、周りの人も幸せにすることができる**と思うんです。

「よく気が付く人」っていうのは、一緒に働いていてホント気持ちがいいですからね。**ぜひ、みなさんには「気付く人」になってほしい**ですね。

3つ目。**「笑顔」**です。

トイレ掃除が、好きで好きで仕方ないという人は、そんなにいないと思います。

でも、掃除はどうせやらなきゃいけないわけですよ。

どうせやらなきゃいけないのなら、楽しんでやってほしいと思います。

仕事も一緒。**どうせやらなきゃいけない仕事なら「楽しんでやろうよ」と思ってやってほしいし、そう思うと、本当に楽しくなってくるんですよ。**

3. 鍵山秀三郎《かぎやまひでさぶろう》さんの「掃除道《そうじどう》」に学ぶ〝掃除の心〟

① イエローハット成功の要因は「掃除」

鍵山秀三郎さんという人が書いた、『掃除道』という本があります。

この本の中から、いくつかお話をしたいと思います。

さて、みなさん、鍵山秀三郎さんってご存知ですか？

この方は「株式会社イエローハット」を創った社長さんです。

イエローハットなら、みなさん知ってますね。そう、カー用品を販売している会社です。鍵山さんて、すごいですよ。

一代にして、年商８００億円以上、店舗数も全国に４００以上という、大会社

を創った人です。そして、この人に
「イエローハットの成功の要因は何ですか？」と聞くと、迷うことなく「掃除です」って言うんですって。

私は、一番最初にこのことを聞いたときに、

「掃除はもちろん大事だけれど、掃除でイエローハットはできないだろう。掃除でイエローハットみたいな大きな会社ができるなら、私にだって、イエローハットが創れちゃうんじゃないか？」

なんて、ちょっと思っていました。

他にも成功のヒミツがあるんじゃないかと思っていました。

でもね、この本を読んで、私の考えは大きく変わりました。

この本を読んで、イエローハットは、まさしく、掃除の力であれだけ大きくなったということがよくわかりました。

さらに、**「掃除でいい会社ができる！　掃除で世の中が変わる！」**って本気で思いましたね。

2 社員の心を穏やかにしたい一心で40年

『掃除道』にこんなことが書いてあるんです。


会社を創業したのは、昭和36年10月10日、鍵山さんが28歳のときです。

最初は、「ローヤル」という社名で、車用品の卸売業を始めたんです。

今でこそ、イエローハットのような、カー用品販売店は、男性でも女性でも、普通に買い物に行くお店です。

ところが、昭和36年頃は、車用品を売る店とか業界というのは、世間では、今で言う暴走族とか、そういう人たちがお店にたむろするような、そんなイメージだったそうです。

だから、「車用品を扱っている」というだけで、「あぁ、暴走族が好きそうなものを売っている会社ね」と見られるわけですよ。

だから、せめて名前だけでも上品にしたかったから社名を「ローヤル」としたそうです。**会社は小さくても、どこまでも王道（＝royal road）を行くようにしたかった**と書いてあります。

※注　王道：仁徳（思いやりの心）に基づいて国を治めること

時代はちょうど、日本が高度経済成長期に差し掛かった頃で、会社はどこも人手不足。ローヤルにも、なかなか入社してくれる人がいなかったそうです。

珍しく、入社希望者が来たかと思うと、履歴書に書ききれないくらいの転職歴があるような人ばっかりだったそうです。

転職歴がたくさんある人っていうのは、言い方を変えれば、長続きしない人である可能性が高いってことです。

そんな人しか来てくれないんですって。

でも、人が足りないから、採用せざるを得ないんですよ。

しかも、世間からは「暴走族用品を扱っている会社」と思われているのですから、そもそも、営業に行ってもなかなか相手にしてもらえないんですね。

いくら営業に行っても買ってもらえない、ということが続くと、営業マンは会社に帰ってきて、バーン！　と入口のドアを閉めて、自分のデスクに足を上げて、腕組みしながら、「もうやってらんないよ！　誰も相手にしてくれないよ！」なんてわめいているような……そんな雰囲気だったんですって。

でね、鍵山さん、こう言うんですよ。

「私は、この社員の心をなんとか癒してあげたい、穏やかにしてあげたい、そして、穏やかな性格の社員だけでもきちんと売上と利益を上げられる、そんな会社にしたいと心に強く願うようになりました」

この一文を見て、みなさんどう思いますか。

もし私が鍵山さんの立場だったら、こんな風には考えられないと思います。

私が社長だったら、社員を責めてしまっていたと思います。

「ウチの会社にも、もっと優秀な社員さえ集まってくれれば、もっと売上が上がるはずなのに。こんなやる気のない態度の悪い社員しか来ないなんて……」って。

でも、鍵山さんは、違うんですよ。

そんな社員でも、なんとかその荒れた心を穏やかにしてあげたいんだ……って、そう思えるんですね。そこがすごいですね。鍵山さんの言葉は続きます。

「言葉で説得したり、文章で伝えたりする能力を持ち合わせていなかった私は、掃除を始めるようになりました。

出社してくる社員が汚れやゴミを目にしなくてもいいように、職場環境をきれいにしておきたかったのです。

きれいにしておけば、社員の心の荒《すさ》みもなくなるはずだと考えたからです。

きれいに掃除しておくことが唯一、私が社員にしてあげられる感謝の気持ちではないかと信じていたからです」

こんな、やる気のない社員でも、鍵山さんは感謝の気持ちを表して、自分ができることはこれくらいだと、そんな思いで掃除をするんです。

これがすごいなぁと思うんです。

よくね、「ウチの会社の利益がなかなか上がらない。もっと儲《もう》けるためには、どうしたらいいんだろうか？」なんて考えている社長が、「社長自らがトイレ掃除を始めて、会社の業績が良くなった」という話を聞いて、「それじゃあ俺も、トイレ掃除をやって、もっともっと儲けるぞ、社員に、もっともっと稼いでもらうぞ」と思いながら掃除を始めます。

これ、どうなると思いますか？

これは「あり方」の話になるんですけどね。

多分、そういう社長は、わざわざ社員の目の前で掃除をするでしょうね。

これ見よがしにね。

「社長の俺が一生懸命トイレ掃除しているんだから、みんなも掃除しろよ！　みんなもっと働けよ！」というオーラが出るでしょうね。

そういうオーラを社員はどう思うんでしょうか。

「なんか、社長、当て付けがましいなぁ。俺らに、もっと仕事やれって言ってるんだよ」なんて、そんな風に見えちゃうんですよ。

だから、社長に「儲けたい」という下心があって掃除をしても、普通はうまくいかないんです。

「儲けたい」とかいうのは、結局「自分のため」じゃないですか。

「自分のため」で人を動かそうと思ったって、人は動かないんです。

よく、こういう本を読んで、「本の通りに掃除をしたのに、うまくいかない」なんて人がいますが、それは結局、最初の目的が違うからなんです。

「あり方」が違うのに「やり方」だけ真似したって、うまくいかないんですよ。

鍵山さんが掃除を始めた理由は、

「社員の心を穏やかにしたい、社員に感謝の気持ちを表したい」ですよね。

みんな「社員のため」ですよね。これが「あり方」ですよね。

「ところが、掃除を始めた頃は、私がトイレ掃除をしている横で平気で用を足していく社員や、階段を拭《ふ》いている私の手の上を飛び越えていくような社員ばかりでした」

みなさん、考えられますか。社長さんが、一生懸命、階段を拭いているわけですよ。なのに、平気でその手を飛び越える……なんてありえないですよね。

でも、そんな社員ばかりなんですって。さらには……

「銀行の担当者からも、『もっと、社長らしい仕事をするべきじゃないですか』と言われたこともありました。また、『うちの社長は掃除しかできない』という社員の批判を、外部の人を通じてしばしば耳にしました」

これ、強烈ですよね。

自分が本気で「社員のために」と思ってやっている掃除を、社員は、「うちの社長、掃除しかできないんだよ」と、外部の人に文句を言ってるんですよ。

鍵山さんは、なんとか社員への感謝の気持ちを表したくて、少しでも穏やかな心になってほしくて掃除をしているのに、そんな風に言われたら……どう思うんでしょうか。鍵山さんは。

「そういう声を耳にするたびに、何度やめようと迷ったかしれません。迷っては戻り、戻っては迷って今日までやってきました」

ここにね、「今日まで」って書いてありますけど、鍵山さんは本当に「今日」も掃除をしているはずです。

今、鍵山さんはもう、イエローハットの社長を辞めていますが、社長をされていた頃も、土日も正月も関係なく毎日毎日やるんです。

それも、会社の中だけじゃありません。会社の周りとか、もう、何百メートルも先までとにかく毎日きれいにするんです。

もう40年以上も毎日……という、そういうレベルなんですよ。

❸ 掃除が築いた強力な信頼関係

「掃除を始めて20年くらい過ぎた頃、社内に定着した『掃除をする社風』が、仕入先やお客様からも評価されるようになりました」

20年です。

さっき、この本を読んで私は、「間違いなく、イエローハットは掃除の力で、あんなに大きくなったんだ」って言いましたけど、ホントだなと思いました。

イエローハットが最初にしたことは、取引先の掃除だったんです。

イエローハットは当時、カー用品の卸売《おろしうり》でしたから、取引先は当然カー用品店ですよね。

その、取引先店舗の周囲やトイレを、掃除してあげるんです。

社員がその店に行ってね、まずトイレ掃除を始めるわけですよ。

そうすると、まぁ、感じ方は人それぞれでしょうが、当時は「勝手なことするな」とお店の人に言われることが多かったそうです。

場合によっては、「そんな勝手なことするなんて、もうおたくとは取引しない」なんて言われることもあったそうです。

でもね、イエローハットの社員は、自分たちの商品をいつもゴミゴミしていて、暴走族しか来ないような環境で売ってほしくない、と思っているわけですよ。

そんな環境じゃなくて、**一般の人が来ても気持ち良く買い物できる環境で売ってほしい**と思っているわけですよ。

そう思っているから、掃除をしに行くわけですよ。なのに文句を言われる。

それでも、イエローハットの社員はやめないんです。

やり続けます。何度も何度も繰り返していると、やっと、

「いつも掃除してもらって、すまないね」

と、そんな風に言ってくれる店が増えてきたそうです。

そうなると、イエローハットとお店との信頼関係が、ガシッとできてくるわけなんですね。

私は、この本を読んでびっくりしたんですが、**イエローハットって、取引先に見積書を出さない**そうです。

見積書なしに、その商品を納入して、そのまま代金を振り込んでもらうんですって。見積書というのは、「この商品をいくらで売ります」と事前に示す計算書

のことです。

その見積書がないってことは、取引先は、いくらなのかわからない商品を買うってことなんですよ。

値段のわからない商品を買うって、恐ろしいことじゃないですか。

なのに、見積書も書かずに、相手に商品と一緒に請求書を送って、そのままその金額を振り込んでもらっているというのは、**相手は、もう、イエローハットのことを信用しきっている、**ということです。

「イエローハットがこの金額、と言うんだったら、それが精一杯の値段なんだろう。

うちの会社はイエローハットと取引したいんだから、当然、その金額を払うよ」という、信頼があるということなんです。

これは、すごいことです。

だって、もしイエローハットが「本当はもう少し安くできるけど、高い値段で請求してしまおう」なんてことを一度でもしたら、信頼関係は即崩れます。

だから、**こういうことがずーっとできているということは、イエローハットが**

ものすごく努力をしているってことなんです。

そうじゃないと、こんなに長い期間、こんなに強力な信頼関係が、継続できるわけないですから。

こういう力で、イエローハットは大きくなったんでしょうね。

その元は掃除ですよ。掃除の心からですよ。

鍵山さんは「日本を美しくする会」という会を作っていて、全国各地で「掃除に学ぶ会」を開いているんです。

中学校や小学校を借りて、そこのトイレ掃除をみんなでするんですって。

もちろん、鍵山さんが率先してやるんですが、鍵山さん、トイレ掃除をするのに裸足なんですよ。

しかも素手で。そのくらいきれいにするってことです。

出典：『掃除道　会社が変わる・学校が変わる・社会が変わる』
（鍵山秀三郎著、ＰＨＰ研究所刊）

4.「掃除の心」を身につけた人は……

どこでもきれいにする**「掃除の心」を学んだ人は、間違っても「自分が出したゴミをその辺にポイ捨てするなんてことは、絶対にしない**と思います。

捨てる人はね～。ホントに軽い気持ちで捨てるわけですよ。

タバコの吸殻とか、ガムの包み紙とか……。

「このくらいのゴミ、捨てたっていいだろ。持ち帰るの面倒だから」……そんな軽い気持ちです。

だけども、それをひとつひとつ拾う人の心はどんなに重いか。

軽い気持ちで捨てる人は、拾う人の重い気持ちに気付かないんですね。

うちの学校、今、ものすごくきれいです。どこに行っても。

それは、みんなが本当に一生懸命に掃除をしてくれているおかげだと思います。

でもね、「完璧にゴミがない」とまではいっていないんです。

私、学校の中、見て回りました。そしたらね、階段の踊り場の台の上。

見えないような高い所に、ガムの紙くずがありました。

きっと、階段を降りながら、投げちゃったんでしょうね。

……軽い気持ちでね。

もちろん、私、片付けましたけれども、そのときに、本当に重い気持ちになるんです。

今でも、この学校にこんなことを平気でできる人がいるんだと思うと本当に悲しい気持ちになります。

もしも、**今までに、軽い気持ちでポイ捨てしたことがある人は、たった今から、絶対にポイ捨てしないと誓ってください。**

ポイ捨てを平気でする人って、ゴミと一緒に人間性を捨てている、というか、**人の心を捨てているような……そんな気がします。**

そして、もしもみなさんがこんなゴミを見つけたら、ぜひスッと拾ってください。

「何で他の人が捨てたゴミを私が拾わなきゃいけないんだ」なんて思うことなく拾えばいいんですよ。

そうすれば、**他の人がそのゴミを見て嫌な気持ちにならなくてすむ**んですから。**他の人に小さな幸せを与えられる**じゃないですか。

そう考えれば、**ひとつゴミを拾えば、ひとつ心がきれいになる**……そんな気になりません？

気持ちいいですよ、**ゴミ拾いが他の人の小さな幸せにつながる**と思えば。

ですから、みなさんには、ぜひ、**「捨てる人」じゃなくて「拾う人」になってほしい**と思います。はい。

5. 一流の人間は始末ができる

株式会社S・Yワークス代表取締役の佐藤芳直《さとうよしなお》さんは、以前、船井《ふない》総研にいらっしゃって、あの船井幸雄《ゆきお》さん（株式会社船井総合研究所最高顧問）から「10年に一人の天才コンサルタント」と言われた方です。

その、佐藤芳直さんも、入学式のときに特別講演をしてくださって、すごくいいこと話してくださいましたよね〜。

「一流の人間は、始末ができる」

「一流」っていうのは、別に、お金持ちとか、そういう意味じゃないですよ。

「人として一流の人間」ってことですよ。

自分で出したゴミを片付けるなんて当たり前です。

例えば、「靴をちゃんと揃《そろ》える」とか、「席を立ったときに、イスをちゃんと戻す」とか、そんなことからですよ。始末っていうのはね。

自分がやったこととの始末。これすごく大事です。

みなさんが就職してから「仕事の始末」っていうと、例えば、仕事で失敗した、ミスをした、お客様に迷惑を掛けた、トラブルが起きた……こういうときなんですよ。実力が試されるときはね。

トラブルがあったときに、ちゃんと始末ができるかどうかで、みなさんの実力が試されるんですよ。

言い換えれば、**人間性が試されるってことなんです。**

簡単な自分の身の回りの始末ができなくて、もっと難しい、仕事のミスの後始末なんて、できないですよ。

まずは、身の回りのことから。

始末のできる人になったらいいじゃないですか。

6. 人を相手にせず、天を相手にせよ

そして、芳直さん「如在《にょざい》の心」って言っていました。

これね、文字の通り「在《あ》るが如《ごと》く」というか、「そこにいるが如く」と言った

ほうがわかりやすいですかね。

人は、誰も見ていないと思うと、どうしても、例えば掃除の手を抜いてしまったり、ポイ捨てをしてしまったりするわけですよ。

つまり「誰もいないからいいや」という気持ちがあると、ダメなんですよ。

だから、「如在の心」というのは、

「常に誰かがそこにいるが如くに行動をしなさい」

ということなんですって。

昔は、「おてんとう様が見ているよ」とか、「ご先祖様が見ているよ」とか、よく言いましたね。最近はあまりそういうことを言わないかもしれませんが、でも、そういう心って大事だと思うんですね。

でね、その「如在の心」という言葉を聞いたときに、私は、ある歴史上の人物を思い出しました。**西郷隆盛**《さいごうたかもり》さんです。

西郷隆盛さんは、座右の銘として、こう言っていたそうです。

「人を相手にせず、天を相手にせよ。天を相手にして、己《おのれ》を尽くし、人をとがめず、我が誠の足らざるを尋《たず》ぬべし」

意味はね、人を相手に仕事をするから、その人が見ていなければいいやとか、バレなければいいだろうとか、そういう気持ちが出てくるんだ、と。

そうじゃなくて**「天を相手に仕事をしろ」**と。

そしたらね、天は常に見ていますから、常に正しいことができると。

「如在の心」と一緒ですよ。

そして、その「天を相手にして、己を尽くし、」……つまり、**自分の精一杯のことをやれ**と。

手を抜くなってことですよ。

そして、「人をとがめず」……**周りの人を責めるな**と。

周りの人のせいにしたくなったら、「我が誠の足らざるを尋ぬべし」。**自分の誠意が足りないんじゃないかと考えなさい**、という言葉です。

そう簡単にはできないかもしれないけれど、**みなさんが、こんな気持ちで、天を相手に仕事や行動ができたら嬉しい**なぁと、そんな風に思います。

掃除をしないと…

1. 汚いところでも平気になり、心がすさむ。
2. 物事を一面からしか見られずに、
すぐあきらめてしまう。
3. ポイ捨ても平気。
拾う人の重い心に気付かない。
ゴミと一緒に人間性も捨てている。
4. トラブルの後始末もできない。

掃除をすると…

1. 心を磨くことができる。
2. 様々な角度から見る「心の目線」が育つ。
3. いろんなことに気付く目ができる。
4. 「気付く人」になれるので、
周りの人も幸せ。
5. 周りの人の心を穏やかにできる。
6. 信頼関係を築くことができる。
7. 人として一流の人間になれる。
8. スッとゴミを拾って
他の人を幸せにすることができる。

2時間目

「掃除」のまとめノート

大切な言葉　覚えておきたい知識

●掃除は心をきれいにできる。
人はいつも見ているものに心が似てくるため、身の回りをきれいにすることは、心を磨くことにつながる。
●掃除は「腰」が大事。
「心の腰」が入れば「体の腰」も入る。
●一生懸命に掃除をすると、いろんなことに気付く目、あらゆる角度から見る「心の目線」ができてくる。
●「笑顔」で掃除をすれば、本当に楽しくなってくる。
●軽い気持ちでゴミを捨てる人は、拾う人の重い気持ちに気付かない。
●ゴミ拾いが他の人の小さな幸せにつながる。
●一流の人間は始末ができる。掃除をすると、トラブルの後始末ができるようになる。

3時間目

「素直」は人をどこまでも成長させる

私たちは学生の将来に責任がありますから、時には学生に注意をしたり、叱ったりすることもあります。本当は私たちだって叱ったりするのは気持ちがいいことではありません。でも、少しでも良くなってもらいたい、という強い思いがあるからこそ、言いづらい注意もするのです。

この思いは、親や上司も同じです。

大切なことは、あなたがその注意やアドバイスを素直に聴き入れて直そうと努力できるかどうかです。

「素直」に聴き入れることができる人は、どこまでも成長し続けるのです。

1. 素直な人は、どこまでも成長する

3時間目は「素直」の話に移ります。

素直な人っていうのは、いろんな人の言うことをきちんと聴いて、ちゃんと行動できるんですね。

つまり、いいことをドンドン吸収して、グングン伸びていくことができるんですよ。

「素直」っていうのは、私はこういうことだと思っています。

「心を開いてものを見、心を開いて人の話を聴く」

心を開いていろんなものを見て、心を開いて人の話を聴けるかどうか。

いいですか？　**「聞く」じゃなくて、「聴く」**ですよ。

「聴く」という漢字には、「耳」だけじゃなくて、「目」と「心」が入っていますよね。「目」は横になっていますが。そのほうが目の形に近いんです。

だから、しっかり目を見て、心を開いて、**耳だけじゃなく、目と心で聴いてほしい**と思います。

最初の授業で、「心を開いて聴いてください」って何度も言いましたが、素直な心でこの授業を聴いてくださいってことなんです。

例えば、先生に何か注意されたとか、先生に「こうしたらどうだい？」と言われたときに、最初っから、「そんなこと言ったってうまくいかないよ」「そんなことわかってるよ」なんて思うじゃないですか。

それはやっぱり、心を開いていないってことなんです。

本当に心を開いていれば、「そういう考え方もあるな」ってそういう風に考えられるような気がします。

あの～、……今ね、「そんなことわかってるよ」って言ったでしょ。

「そんなことわかってるよ」って言う人に限ってわかっていないいんですよ。

正直、私もそう思うときありますよ。

「そんなこと、わかってるよ」って。

でも、**そのときって、素直じゃないい**んですよ。

心を開いていないんですよ。

「そんなこと、わかってるよ」って思ったときは、わかってないと思ったほうがいいですね。

例えば、「あいさつ大事だぞ」と、私が言ったときに、「そんなこと、わかってるよ」なんて言う人は、実は「本物のあいさつ」なんてできていないんです。

できていない人に限ってそんなこと言うんですよ。

本当にあいさつが大事だと思っている人だったら、「確かにそうだ。確かに自分もそう思う！」……と思えるはずです。

ですから、もし自分が「そんなことわかってる」って思ったときは、「あ、自分はホントはわかってないんじゃないか」と思って、自分の行動をよく考えてみてほしい……と、そんな風に思っております。

2. 素直とは、時間を味方につけること

そしてまた、佐藤芳直さんの登場ですが、入学式特別講演のときに、

「素直とは、時間を味方につけることなんですよ」

とおっしゃっていて、私これ、すごくいい話だと思いました。

芳直さんがまだ船井総研にいた頃、ものすごく忙しくて毎日徹夜ってときがありました。

そんなときに、当時社長だった船井幸雄さんを空港まで迎えに行かなければいけなかったんです。社長を車に乗せて運転しながら、もう、イライラしているわけですよ。

そのとき、船井社長が、言ってくださったんですって。

「**人は時間を味方につけているときは、大丈夫**だぞ」と。

で、この「時間を味方につける」というのはどういう意味かと。

それは、今起きている〝このこと〟……つまり、〝忙しいときに社長を迎えに行かなければならなくてイライラしていること〟は、**自分に何を教えてくれているんだと考えられるときは、その時間を味方につけているとき**ですよ……ということなんです。

例えば何かミスをしてしまったり、うまくいかなかったりしたときに、「このことは、自分に何を教えてくれているのかな」と考えられるならば、素直になっているんです。

つまり、時間が味方についているということなんです。

逆に、「こんなに仕事ばかりさせやがって。やってられないよ」って思っているときは、時間は敵ですね。

単にイライラしているだけで、まったく進歩がないどころか、逆に人のせいにして、精神状態まで悪くなっていきますよね。

そんな時間は無駄だっていうことです。

でもね、「このことは、何を自分に教えてくれているんだ？」と考えれば、どんなことでも勉強になりますよ。

自分に何か足りないところがあったんじゃないかと反省したりね。

だから、そう考えている時間は、勉強をしている時間、つまり**自分を高めている時間なので、有意義な時間になる**わけです。

これが、「時間を味方につける」という意味だと思います。

時間を味方につけて生きたいですよね。

周りのせいにしているときは無駄な時間です。時間は敵です。

素直にとらえることができているときは、時間は味方です。成長できる時間です。素直な心、大事ですね。

3. 愚者《ぐしゃ》は賢者に学ばず、賢者は愚者にも学ぶ

さらに、私はこの言葉、好きなんです。芳直さんが教えてくれました。

「愚者は賢者に学ばず、賢者は愚者にも学ぶ」

愚者とは、愚かな人っていうことです。
賢者は、賢い人っていうことですね。
つまり、**「愚かな人は、賢い人が言っている言葉にすら、何も学ぶことができないのに、本当に賢い人は、愚かな人が言ったそのひと言にも、学ぶことができる」**ってことです。これ、今言った話と同じことですよね。

何か起きたときに、そこから学べるかどうか……って、大きい気がします。

愚者って言うのは、「素直じゃない人」と言い換えてもいいんじゃないですか。

素直じゃない人はね、人がいいこと言ってくれても、全然そこから学ぶことができない。

逆に、**素直な人は、どんな人からでも、何かを学ぶことができる**んですね。

私は、**社会人になって成功するというか、幸せになるための最大の武器が「素直」だと思っています。**

知識とか技術とか要領とか、ホント、そんなのは後です。

その前に「素直」ですよ。

素直な人は絶対にかわいがってもらえます。たとえ、能力が低くても。

これは間違いないです。

素直な人は好かれるんですよ。

「あいつには教えてあげたい」とか思ってもらえるんですよ。

だってね、素直な人は、何かアドバイスしたときに「はい」ってちゃんと話を聴いてくれるでしょ。

で、それを律儀《りちぎ》に実行してくれるんですよ。素直に。

そういう姿を見たら、アドバイスしたほうも嬉しいじゃないですか。

「おっ、あいつ、俺の言った通りにきちんとやってるじゃないか。

じゃあ次はこれを教えてやろう」

ってね。だから、**素直な人は周りからいろいろ教えてもらってそれをきちんと実行して、着実に成長していく**んですよ。


でもね、ちょっとぐらい難しい資格や知識を持っていたりしても、素直じゃない人は、周りの人から「あいつにアドバイスしたってしょうがないよ。どうせ聴いてくれないんだから」って、思われちゃうんですよ。

そうなると、誰もアドバイスもしない、助けてあげない……ってことになってしまうんです。

それって、ある意味不幸じゃないですか。

その人は、**自分の枠の中でしか成長できない**ってことです。

小さいですよね～。一人の枠の中って。これ、悲しいことです。

ホント、「素直」は、幸せになるための最大の武器です。

これは、自分が部長や社長になっても一緒ですよ。

自分がそういう上の立場に立ったときでも、部下たちの話に、素直に耳を傾けて聴くことができるかどうか。

素直に人の話を聴くってことは、「謙虚」にもつながっていくんです。

「実るほど頭の下がる稲穂かな」という言葉がありますが、**本当に一流の人って、ものすごく謙虚**ですよ。

芳直さんだって、私の話なんかでも、すごく一生懸命聴いてくれますからね。恐ろしく謙虚ですよ。

はい。ということで、「素直」、大事です。

素直じゃない人は…

1．うまくいかないとき、周りのせいにしてイライラする。進歩がない。
→無駄な時間を過ごす
→「時間が敵」となる

2．賢い人が言っている言葉にすら、学ぶことができない。

3．周りの人から「アドバイスしてもどうせ聴いてくれない」と思われる。
→アドバイスしてもらえない
→自分の枠の中でしか成長できない

素直な人は…

1．うまくいかないときも、「そのことは何を自分に教えてくれているのか」と考えられる。
→自分を高め、成長できる時間となる
→「時間は味方」となる

2．どんな人からでも何かを学ぶことができる。

3．周りの人から好かれる。
「あいつには教えてあげたい」と思われる。

4．アドバイスを実行し着実に成長する。

5．「謙虚な心」を持つ人になれる。
→「一流の人間」への第一歩

3時間目

「素直」のまとめノート

大切な言葉　覚えておきたい知識

- 素直とは「心を開いてものを見て、
  心を開いて人の話を聴く」こと。
- 「そんなことわかってるよ」と思ったとき、
  本当は自分はわかってないと思ったほうがいい。
- 素直とは時間を味方につけること。
  「そのことは自分に何を教えてくれているのか」と
  考えている時間は、自分を高めている時間。
  「時間は味方」となる。
- 愚者は賢者に学ばず、賢者は愚者にも学ぶ。
  「愚者＝素直じゃない人」とも言える。
- 幸せになるための最大の武器は「素直」。
- 素直な人は好かれる。
- 素直な人は、周りから教えてもらって、
  それをきちんと実行し、着実に成長する。
- 素直に人の話を聴くことは「謙虚」にもつながる。
  本当に一流な人ほど、ものすごく謙虚。

4時間目

「人生の役割」を見つければ、進むべき道が見つかる

「あなたは、何のために働くのですか？」
「あなたの生まれてきた役割は何ですか？」

人はどうしても目の前の忙しさにとらわれて、「何のために」という「目的」を忘れたり、「目的」を確認しないまま仕事を進めたりしてしまいがちです。

でも実は、「目的」は、何をするにしてもとても大事なこと。

「目的」を考えずにした仕事は、自己満足に終わってしまったり、大事なポイントを外してしまったりすることがあるのです。

ここで改めて、**「自分の役割」**と**「働く目的」**を考えてみましょう。

明日からのあなたの仕事に対する姿勢が、そして行動が、ガラッと変わることでしょう。

1. 目的がどれだけ大切か

夢を現実にするためには、とっても大切なことがあります。
それは「目的」です。これも、芳直さんから聞いたお話です。
「目的がどれだけ大切か」見ていく前に、目的と目標について、考えてみましょう。
「目的」と「目標」、一見、この言葉は似ています。でも同じじゃないですよね。
「目的」っていうのは、「何のために」。
「目標」っていうのは、「何を目指す」です。
「何のために」……その「目的」のために
「何を目指す」……その「目標」をクリアする、ですね。

例えば、

1．いい大学に入るために（＝目的）、成績で一番を取る（＝目標）
2．甲子園に行くために（＝目的）、毎日800回バットの素振りをする（＝目標）
3．就職するために（＝目的）、たくさん資格を取る（＝目標）
4．人の命を救うために（＝目的）、消防士になる（＝目標）
5．人の役に立つために（＝目的）、就職する（＝目標）

さて、この5つの中には、目的の立て方として、良いものと、良くないものがあります。

1〜3は、「良い目的の立て方」とは言えません。

4と5は「良い目的の立て方」と言えます。

別に、甲子園に行こうと思うことがいけない、というわけじゃないんですよ。

「人生における目的の立て方」としてはちょっと違う、ということなんです。

この違いを簡単に言うと、先の3つには終わりがあるんです。

大学に入ることが目的だったら、大学に入ってしまったら目的は達成されて終わってしまいます。次の目的は何にしよう?となってしまうんですね。

4と5の目的には、終わりがないんです。

「人の命を救う」だって、一人救ったら終わりじゃないでしょう。

「人の役に立つ」……退職した後だって、人の役に立つことはできます。

いい目的は、ベクトルなんです。……ベクトルって矢印のことです。

目標は、ゴールです。ゴールって言っても最終のゴールではありません。

中間のゴール・チェックポイントです。そこで終わりじゃないんです。

良い目的には終わりがないんです。

目的はベクトル、つまり矢印ですから、方向です。

方向には、終わりがないんです。

「人の役に立つ」という**目的**で考えれば、その方向に進む中で、こういう勉強をしよう、こんな大学に行こう、こういうところに就職しよう、こんな仕事をしようとすることはすべて目標であって、その矢印（**目的**）の途中にあるチェックポイントでしかないんですね。

だから、ひとつポイントをクリアしても、次に自分が進む方向は明確なんです。

就職した後、自分はどんな仕事をして人の役に立つのか、ということを思い描いて就職活動してほしいんです。


だから、みなさんにいつも言うんですが、間違っても、**検定に合格するためだけに、検定試験の勉強をしないでほしい。**

さらに、**就職するために、就職活動をしてほしくない**んです。

就職しても、**就職した後、その企業に勤めて、どれだけいい仕事をするかが大事**です。**「就職イコール終わり」じゃない**んです。

検定の勉強も、検定に合格することを目的にやるんじゃなくて、**それを仕事にどう活かすか、この勉強を自分はどう活かすことができるのか**ってことを考えながら勉強したら、深さが全然変わってくると思うんです。

学問の本質を理解しようっていう気になりますよ。

ということで、**目的、「何のために」は、とても大事**です。

これは、就職だけじゃなくて、その後からの仕事でも一緒です。

悩んでいても、「何のためにこれをやっているんだ」って考えると、一気に答えが出ることがありますから。

2. 世界のHONDA、本田《ほんだ》宗一郎《そういちろう》さんの生きざま

❶ 乗る人のために

「目的」と「目標」について、どうしても伝えておきたい話があります。

本田宗一郎さんについてです。

世界のＨＯＮＤＡ、本田技研工業株式会社を一代で創った人です。

本田宗一郎さんの目的は……簡単に言うと、車とかバイクを、**使う人のために、**作っているんです。

ここが大事なんです。**「乗る人のために」**。

そんなの、当たり前だと思うじゃないですか。

でもこれが、なかなかできないんです。

利益を上げようとするあまり、大切なことを忘れてしまう会社もあるんです。

宗一郎さんの目的は何だったのか、本田技研のホームページに載っていた話を紹介します。

オヤジさん（本田宗一郎さんのこと）の方針は、「製品に対しては、あくまでも親切なものをつくれ」であり、それは最初の製品から実施されていた。

「お客さんに迷惑をかけるようなものは作るな」

この言葉はここに勤めたときから、オヤジさんから嫌というほど聞かされました。

「ものをつくるときには、それと一番長いこと付き合わなきゃならない人の

ことを考えろ。一番長い人はお客さんだろ。その次は売った店の修理工だろ。その次がウチの工場の人間で、つくった本人のくせに一番短いのは設計者。ずっと使う人の身になって考えたら、不親切なものなぞ設計できねえはずだ！」とオヤジさんはいつも言っていました。

私が、本田技研に入って一番最初にエンジンを分解したときのこと。びっくりしちゃいましたよ。

いろんなところに、いわゆる親切設計がしてあるんです。

それに気付いたのは、分解したときでした。

〝あれ、このエンジン、ナット外しても、どこからも部品が落っこちないぞ。おかしいな。〟例えば、クランクシャフトなどのいわゆる回転体を締めるネジが、もし緩んでも、すぐにはトラブルを起こさない構造にしてある。

ネジが完全に脱落しないか、脱落しても、すぐには壊れないような工夫がしてある。運転手が、何かおかしいぞと気付くくらいまでは、もつようになっているんです。安全性への気遣いですね。あの頃は、ネジの精度が悪い時代で、ナットなんて、いくら締めても緩むものと相場が決まっていた。だからこんな工夫をしたんでしょうね。

出典：本田技研工業株式会社ホームページ「本田社史50年」(http://www.honda.co.jp/50years-history/pdf/p014-23.pdfより要約)

これは60年以上も前のエンジンです。

当時のエンジンなんて、エンジンかけてかかれば十分というような時代です。その時代に、「もし、ネジが取れてもすぐには壊れない」という工夫がしてあるということは、すごいと私は思います。

そこまで、最初から使う人のために作っていたんです。

② 会社の利益よりも日本の成長

1953年、宗一郎さんは、最新鋭の工作機械を海外からいくつか輸入します。

当時のお金で4億5千万円、という大金だったそうです。

その頃の大卒の初任給が1万円前後ですから、どれだけ高価なものだったかわかりますよね。

だから、購入するときに、「会社がつぶれてもいいのか？」と聞かれたそうですが、それに対し宗一郎さんは、なんて言ったと思いますか？

「会社はつぶれるかもしれないが、機械そのものは日本に残る。それは必ず日本の産業界に役立つはずだ」

これ、すごいですよね。

自分の会社がたとえダメになったとしても、日本のためになればそれでいいんだと。だから、巨額の投資もするんだと。

なかなか言えないですよ。こんな言葉。

会社の利益よりも、日本の成長を考えているんですから。

ところがある日、社員が、輸入した機械の中で一番高い機械を壊してしまったんです。もうその社員は真っ青。

宗一郎さんのところに行って、「あの機械を壊してしまいました……」と言ったそうです。ところが宗一郎さんは、

「ケガはなかったか？」

と言ったんですね。社員は最初、意味がわからなくて、「いや、だから、あの機械を壊してしまったんですよ」と繰り返したところ、宗一郎さんは

「仕方がないじゃないか。機械は直せばいい。
でも、人は手や足を切り落としてしまったら元には戻らない。
人にケガがなかったのが一番だ」

それを聞いて社員は涙したそうです。

宗一郎さんって、本当にすばらしい人ですよね。

高価な機械よりも、社員の体のことを心配しているんですよ。

それだけ、人を大切にしていたってことですよね。

社員はきっと、「この人の元で働けて、本当に良かった。この人に一生ついていこう」と思ったことでしょうね。

宗一郎さんって、**軸がぶれない**んですよ。

本当に人を大切にして、人のため、日本のためにバイクや車を作っているんですよ。

だからこそ、みんなが宗一郎さんを慕ってついていったんでしょうね。

3 ありがとうの握手で流した涙

1991年に、本田宗一郎さんは亡くなっています。

生前、宗一郎さんは、こんなことを言っていたそうです。

「すばらしい人生を送ることができたのも、お客様、お取引先のみなさん、社会のみなさん、そして従業員のみなさんのおかげである。

俺が死んだら、世界中の新聞に〝ありがとうございました〟という感謝の気持ちを掲載してほしい」

実は、宗一郎さんは結構早く、社長を引退しているんです。66歳で引退し、いわゆる「会長職」にも就いていません。「終身名誉顧問」にはなったのですが、仕事からは、一気に離れたそうです。で、社長を辞めた後、何をしたかというとですね、日本中にあるホンダの事業所……販売店から工場から……当時、**700カ所あったそうですが、その700カ所すべてを回って、すべての従業員ひとりひとりと握手して、「ありがとう、ありがとう、いつもありがとう！」と言い続けていたそうです。**

しかも、2、3人しか働いていないようなものすごく田舎の販売店も全部まわったそうです。その後、海外の事業所も全部まわったそうです。

全部まわってひとりひとりと握手して……。何年もかかったそうです。

周りの人たちは、「ホンダの創業者が直々《じきじき》に握手しに行けば、社員のモチベーションは上がりますよね、仕事をもっと頑張ってくれて、業績も上がりそうですよね。だから、握手しに行くんですね」って言っていたそうです。

でも、実はそうじゃないんです。

宗一郎さんはそんなこと、どうでもよくて、**自分が、お礼を言いたいからまわっているだけだったん**ですって。

ある日、田舎の販売店をまわったときに、車の整備をしていた人が、「宗一郎さんが来た！」って聞いて、喜んで走ってきたんですって。握手してもらいにで、握手をしてもらおうと思って自分の手を差し出した瞬間に、「アッ！」って言って、パッと自分の手を引っ込めたんですって。

なぜかっていうと、手が油まみれだったんですね。

仕事中に急いで走ってきたから。

「今、洗ってきます！」って、手を洗いに行こうとしたら、宗一郎さんはその社員の背中に向かって、

「その油まみれの手がいいんだ！」

って言って、その整備士を引き止めて握手したそうですよ。両手で。

そして嬉しそうにその手をながめて、目を細めて、手の油のにおいをかぐんですって。そんなの見てたら感動しますよね。泣きますよね。

宗一郎さん、こんなことも言ってたそうです。

「握手をするとみんな泣くんだ。そして、その涙を見て、自分も泣くんだ」

すごいですよ。この人、**本気ですよ。この「ありがとう」は。**

本当に心からみんなに感謝しているんですよ。

④ 宗一郎さんが父親からもらった最大の遺産

また、宗一郎さんは、父親の儀《ぎ》平《へい》氏に子供の頃から「人に迷惑を掛けてはいけない」と教えられてきて、この教えを自分の哲学として守ってきたので、「自動車会社の自分が葬式を出して大渋滞を起こしちゃ申し訳ない」

とも言っていたそうです。

宗一郎さんのお父さんは、**「この世の中で一番大切なことは、地位でも名誉でもない。人に迷惑をかけないことだ」**と宗一郎さんに言い続けていたそうです。

宗一郎さんは、**「父親からもらった最大の遺産は、この言葉だ。この言葉のおかげで自分はいい人生を送ることができた」**と言っていたそうです。

❺ 宗一郎さんの最期——感謝され、感謝しながら……

1991年8月5日に宗一郎さんは84歳でその生涯を終えました。

私はその頃、大学生でした。

今でもよく覚えていますが、どのテレビ局でも「本田宗一郎の生きざま」をやっていました。それだけ、本田宗一郎さんの生き方、考え方に共感する人たちがたくさんいたということだと思うんです。

残った人たちは、宗一郎さんの遺志を継ぐためにに、どうしたらいいかと考えたそうです。

普通は、こんな大会社の創始者ですから、会社をあげて社葬をします。

ところが、本田技研は、社葬はせずに、代わりに、「お礼の会」というのをしたそうです。

このお礼の会は、本社や各事業所で行われました。

本社では、9月2日から3日間、朝の10時〜5時まで行ったそうです。

普通は、お焼香は午後1時から数時間という形で行われますから、それに比べたら、考えられないくらい長時間ですよね。

長時間にしたのは、時間が長ければ、一度にたくさんの人がどっと集まることはないので、渋滞も起きないだろうという理由からなんです。

長時間行えば、お金もものすごくかかります。でも、**たとえお金がかかっても、人に迷惑を掛けないために、ホンダはやるんです。**

なんとそこには、のべ6万2千人の人が集まってきたそうです。

すごいですよね。6万人ですよ。

お別れの会のときには、正面に、本田宗一郎さんの語りかけるような笑顔の写

真と一緒に、

「みなさまのおかげで幸せな人生でした。どうもありがとう。本田宗一郎」

と大きく書かれていたそうです。

人のためにバイクや車を作って、たくさんの人から感謝され、そして自分も周りの人に感謝しながら亡くなっていく。これ、すばらしいなぁと思います。

みなさんにも、こんな風に人生の終わりを遂げていただきたいと思います。別に大会社の社長になってほしいというわけではないんです。

宗一郎さんは、人のために車を作って、世界中の人に感謝され、そして自分も、心から周りの人に感謝しながら亡くなっていった。

こんな幸せな人、いないじゃないですか。

みなさんが、人生の最後をこんな風に迎えてくれたら、こんな嬉しいことはありません。

そのためには、今、何をしなきゃいけないかってことです。

どんな生き方をしなきゃいけないかってことです。

3. 人は誰でも役割を持って生まれてきた

「人は何のために働くのか」という話に入ります。


さて、人は何のために働くんでしょうか？

多分、そう聞かれると、「お金を稼ぐため」とか、「生活するため」と答える人が多いんじゃないでしょうか。もちろん、それも大事なことです。

食べていくためには、働かなければいけません。

だけども、お金のためだけに働くのって、ちょっと空《むな》しくないですか。

私の教え子にも、こんなこと言った子がいました。

その子、公務員を目指していたんですよ。

「公務員になれば、土日も休めるし、有休もいっぱいちゃんと取れるし、残業も少ない。だから、本当にお金のためだけに働いていて、余暇とか、仕事が終わった後の時間に趣味をやることを楽しみに俺は生きていくんだ」

私はそれを聞いてちょっと淋《さび》しくなりました。

だってみなさん、これからの人生、その大半を仕事に費やすじゃないですか。

多分、遊ぶ時間よりも、仕事をする時間のほうがよっぽど多いと思いますよ。

その、**これからの人生の大半を過ごす、仕事をする時間……お金のためだけに費やすんじゃ、ちょっと淋しくないですか？**

佐藤芳直さんは、こうおっしゃっていました。

「人はなぜ働くのか……？
人は誰でも、役割を持って生まれてきた。
そして人は、働くことでしか、その役割を果たすことはできない」

私が思うには、この役割っていうのは、**「どうやって世の中のために働ける**

か」だと思います。

みなさんの長所を活かして、「どうやって世の中の役に立てるか、人の役に立てるか」。

これが、役割だと思います。

その「どうやって」っていうのは、人それぞれですよね。

で、残念なことに、多分ね、この役割を全《まっと》うするどころか、その役割にさえ気付かずに亡くなっている人が、世の中たくさんいるような気がします。

だけども、もし、**自分の役割に気付いて、その役割を全うして死ねたら、これ、どんなにいい人生だったと思えるでしょうか……。**

もちろん、みなさんの歳で、「自分の役割はこれだ」と気付いている人はまずいないと思います。

もしいたら、すごいことだと思います。

ちなみに私が自分の役割に気付いたのは、35歳のときです。

やっぱりそれから何か急に違いますよ。

ものを見る目が。

自分が何をしなきゃいけないのかっていうのが急にクッキリ見えてきます。

嬉しいです。役割がわかると。

4. イチロー選手は小学生のとき、自分の役割に気付いていた

みなさんご存知のイチロー選手。イチローは、やっぱりすごいです。

自分が生まれてきた役割に、小学校のときに気付いていますから。

イチローはメジャーリーグで２００４年には、ジョージ・シスラーの年間２５７安打という記録を84年ぶりに破って、記録を２６２に伸ばしました。

あの、メジャーリーグの記録ですよ。すごいですね。

さらに、２００５年には、日本人初のメジャー１０００本安打を達成。

そして、2010年には、日米通算3500本安打と、10年連続200安打の偉業を達成しました。

で、イチローは、小学校のときに自分の役割に気付いていました。

何でそれがわかるかっていうと、イチローは、小学校の卒業文集にこんなことを書いているんです。


「ボクの夢は、一流のプロ野球選手になることです。

そのためには、中学高校と全国大会に出て、活躍をしなければいけません。

活躍をするには、練習が必要です。

ボクは3才のときから練習を始めています。

3才から7才までは、半年位やっていましたが、3年生のときから今までは、365日中、360日は激しい練習をしています。

だから、1週間で友達と遊べる時間は、5〜6時間です」


みなさん、土日あれば、10時間くらい平気で遊べますよね。

彼は、小学生なのに1週間で5～6時間しか友達と遊べない。そのくらい練習していた。

「そんなに練習をしているのだから、必ず、プロ野球選手になれると思います」

すでに、確信しています。自分はなれると。

「そして、中学、高校と活躍し、高校を卒業してからプロ野球に入団するつもりです。球団は中日ドラゴンズか、西武ライオンズです。ドラフト入団で契約金は一億円以上が目標です」

具体的ですねぇ～。実際入った球団はオリックス・ブルーウェーブ（現オリックス・バファローズ）でしたけど。さらに彼のすごいところは、

「そして、ボクが一流の選手になったら、お世話になった人に招待券を配って、試合を見に来てもらうのも、ボクのもうひとつの夢です」

出典：『イチロー勝利の方程式2002』（永谷脩著、三笠書房刊）

感謝の心を忘れていないです。すごいですね。

小学生のときに、自分の生まれてきた役割……ここには、夢って書いてありますけど、それに気付いてまっしぐらです。

でね、「目的と目標」の話からすれば、「プロ野球の選手になる」なんていうのは、終わりのある〝目標〟のような気もしますが、小学生にとって、プロ野球の選手になるんだっていうのは、終わりのない〝目的〟のような気がします。

だから彼は、プロ野球の選手になるどころか、メジャーリーグに行って、84年ぶりに記録を塗り替えるようなこともできたんじゃないですかね。

すごいですねぇ、自分の役割に気付いた人は。

別に、小学校のときに、自分の役割に気付くことがえらいとは思いません。

大事なことは、「自分の役割って何だ」っていつも考えて、気付けるチャンスがあったときに、それに気付けるかどうかです。

それが、40歳だって、60歳だって、私はいいと思っています。

だけども、「世の中に生まれてきた自分の役割」に気付けるかどうかは、大きな岐路《きろ》になるような気がします。

もしかすると、「イチローは、世の中のためにと思ってやっていたわけじゃなくて、自分の夢をただ追いかけただけじゃないですか」って思う人もいるかもしれません。

けれども、あの**イチローが新記録を達成したとき、日本中の人たちがどれだけイチローから夢と希望と勇気をもらったか。**

俺も頑張ろうってね、思った人がどれだけいたか。どれだけの子供たちが、僕もイチローみたいになろうって夢を持てたか……。

これ、メチャクチャ世の中の役に立っています。

5. 役割には2種類ある

「役割には2種類ある。

ひとつは、**社会の中でより良く生きる役割。**

そしてもうひとつは、**人間として、より良く生きる役割」**

先ほどから登場している佐藤芳直さんがおっしゃるには、役割には、2つあるそうです。ひとつじゃダメなんですって。

でね、ひとつ目の「社会の中でより良く生きる役割」っていうのは、**「社会人として、どれだけ世の中に貢献できるか。世の中のために、何ができるか」。**

で、「人間として、より良く生きる」っていうのは、**「人として、どんな風に生きるんだ」**ということです。

6. 私、比田井和孝の「自分の役割」

私は、去年、自分の役割に気付きましたので、ちょっとお話ししましょう。

私の「社会の中でより良く生きる役割」は、こう思っています。

私が生まれてきた役割は、「まさに、この授業をすること」、つまり「みなさんに将来、幸せになってもらうために、この授業をすること」です。

言い換えれば、**「この授業を通して、ひとりでも多くの人に〝自分のチカラで幸せになるチカラ〟をつけてもらうこと」**だと思っています。

でね、実はこれは、すごいんですよ。

例えば、もし、この学校に来たA君を幸せにしたとしましょう。

それは、A君ひとりを幸せにするだけじゃないんです。

私は、**「周りの人を幸せにできる人しか、本当に幸せにはなれない」**と思っています。

「周りの人を幸せにできること。それこそが幸せだ」と思っています。

ですから、「A君が世の中に出て幸せになる」ということは、例えば、「A君の周りにいる、同じ職場で働く人を幸せにする」ということになります。

ですので、「A君が、職場の人にも、さらには、お客さんにも喜ばれるような、仕事をする」ということです。

そしたらね、職場の人たちも幸せですよ。

その職場の人たちには、家族もいます。お父さんが幸せに仕事をしている……やりがいを持って仕事をしている……そんなお父さんだったら、絶対家族も幸せです。

そんな幸せな家族に小学生がいたとしましょう。その小学生は、学校に行って、決して弱い者いじめなんかしません。

そんな子がいるクラスの先生は幸せです。

こんな風に、先をたどれば、きりがないんです。

幸せな人の周りにいる人は、幸せなんです。

幸せっていうのは、どんどん広がっていくんです。

だって、いつもニコニコ「笑顔」でいる人の近くにいたら、自分まで嬉しい気持ちになりますよね。元気になりますよね。

逆にいつも「面白くない」「つらい」なんて愚痴《ぐち》ばっかり言っている人の近くにいると、自分まで重い、暗い気持ちになるでしょう。

「不幸」も「幸せ」も、周りの人にどんどん伝染していくんですよ。

だから、**私はこの授業で、世界中の人を幸せにしたい**……と思って、真剣にやっています。

みんなが世の中に出て、周りの人のために働いてくれたら、ホントにそういう日が来ると思っています。

だからね、ものすごく壮大なんです。この授業。

この授業は、**みなさんに、世の中に出ていい仕事をしてもらうためにやっています。それが、必ず、みなさんの幸せにつながると思っています。**

そして次に、私の「人間として、より良く生きる役割」ですが……、4年前に、長男が生まれました。結婚して何年も子供に恵まれなくて、7年目にしてやっとできましたから、これもう、かわいくてかわいくて仕方ないんですよ。

で、私の「人間として、より良く生きる役割」は、息子に、**「とうちゃん、すげぇよ!」と言ってもらえる父ちゃんになること**かな、と思っています。

「人間として、より良く生きる役割」については、今すぐ気付けなんてことは、言いません。

ただ、これから生きていくときに、常に、「自分の役割って何だろうな」って思って生きていってほしいなと思います。

役割に気が付けるのは、もしかしたら、ずっと先かもしれません。

でも、よく、「働け。とにかく人の2倍でも3倍でも働け」って言いますよね。**人の2~3倍働いたら、人の2~3倍早く自分の役割に気付ける**んじゃないでしょうか。

人の2~3倍早く自分の役割に気付けたら、残りはその役割のためにビャーッといけば、その人の人生は、ホントに幸せだと思いますね。

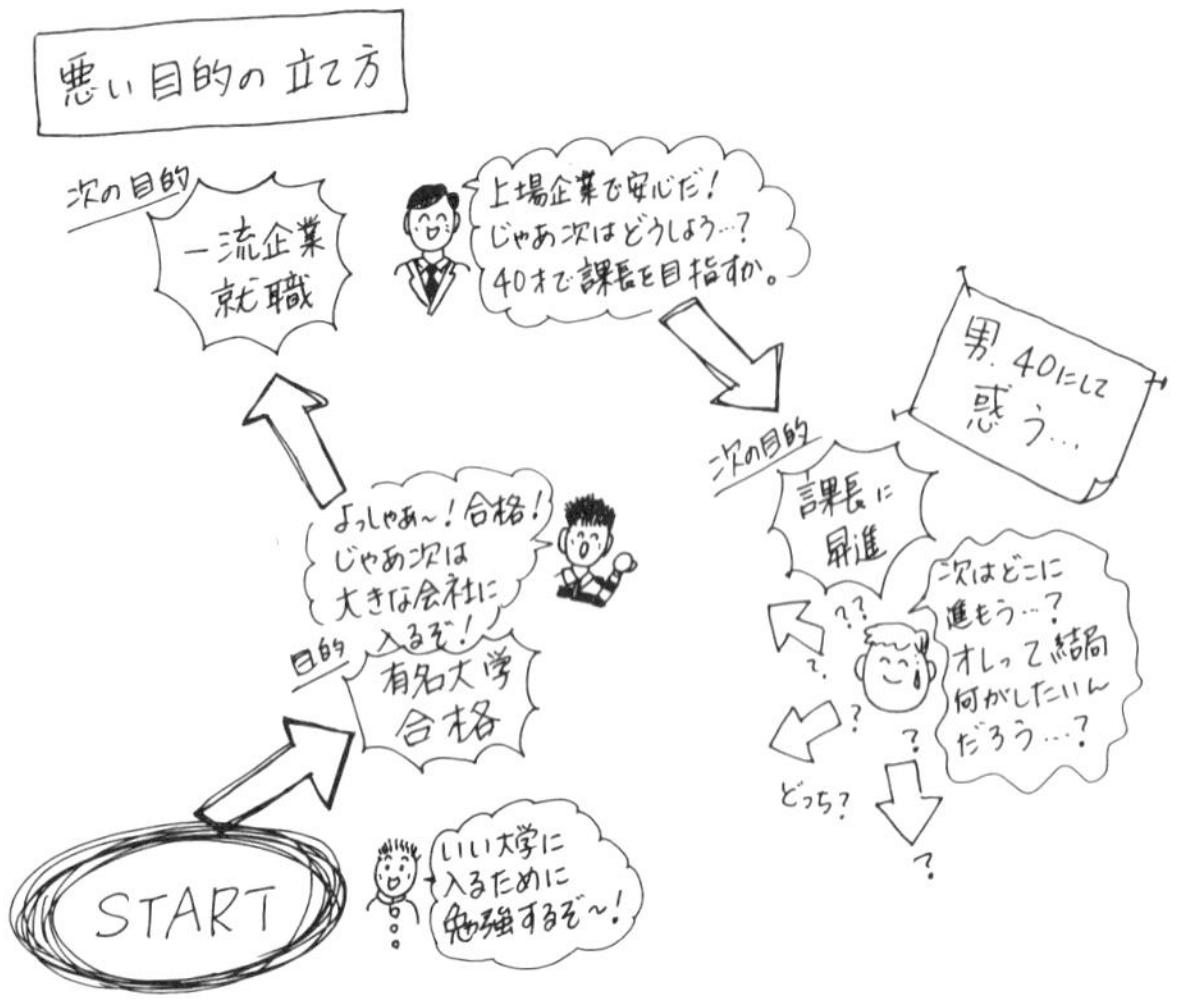
悪い目的の立て方
START
いい大学に入るために勉強するぞ～！
目的
有名大学合格
よっしゃあ～！合格！じゃあ次は大きな会社に入るぞ！
次の目的
一流企業就職
上場企業で安心だ！じゃあ次はどうしよう…？40才で課長を目指すか。
次の目的
課長に昇進
男40にして惑う…
次はどこに進もう…？オレって結局何がしたいんだろう…？
どっち？

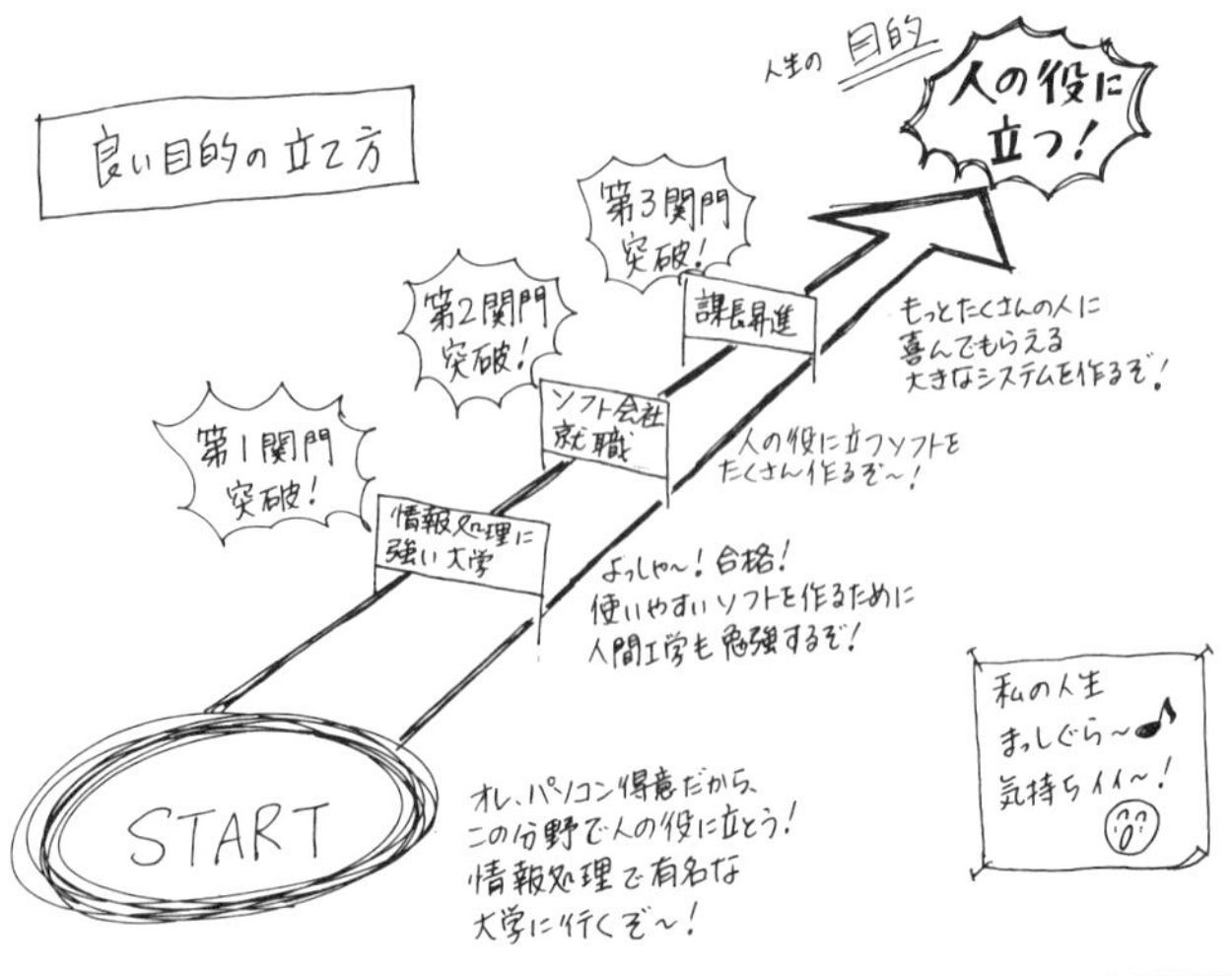
良い目的の立て方
START
オレ、パソコン得意だから、この分野で人の役に立とう！情報処理で有名な大学に行くぞ～！
情報処理に強い大学
第1関門突破！
よっしゃ～！合格！使いやすいソフトを作るために人間工学も勉強するぞ！
ソフト会社就職
第2関門突破！
人の役に立つソフトをたくさん作るぞ～！
課長昇進
第3関門突破！
もっとたくさんの人に喜んでもらえる大きなシステムを作るぞ！
人生の目的
人の役に立つ！
私の人生まっしぐら～♪気持ちイイ～！

4時間目

「人生の役割」のまとめノート

大切な言葉　覚えておきたい知識

- 良い目的は「ベクトル・方向」。終わりがない。
  目標は「中間のゴール・チェックポイント」。
- 就職した後、どれだけいい仕事ができるか。
  「就職イコール終わり」じゃない。
- 人は誰でも、役割を持って生まれてきた。人は、
  働くことでしかその役割を果たすことはできない。
- 自分の役割をいつも考えて、
  気付けるチャンスがあったときに、気付けるかどうか。
- 役割には「社会の中でより良く生きる役割」と
  「人間として、より良く生きる役割」の２種類がある。
- 周りの人を幸せにできる人しか
  本当の幸せにはなれない。
- 「不幸」も「幸せ」も周りの人に
  どんどん伝染していく。
- 人の２～３倍働くと、
  より早く自分の役割に気が付ける。

特別授業1

「おもてなしの心」——ディズニーランドに学ぶ

これから社会で働くみなさんに、特に知っておいてほしいことのひとつに**「ホスピタリティー」**があります。訳すと、**「おもてなしの心」**です。

ホスピタリティーあふれる企業として、まず名前が挙がるのは、ディズニーランドでしょう。東京ディズニーランド（ＴＤＬ）のリピーター率は、97・5％だそうです。

つまりＴＤＬの入場者１００人のうち、「初めて来ました」という人は、2、3人しかいないということです。

なぜ人は、何度もディズニーランドに行くのでしょうか。

実は、ディズニーランドで働く人々に、大きな秘密があるのです。

そこでテーマは、「ディズニーランドに学ぶおもてなしの心」。

3つ、感動のお話を聴いてください。

1. ピーターパンからの手紙

ある日、ディズニーランドに、お父さんと女の子が来ました。
女の子の名前はナンシーちゃん。

おそらく、お父さんは、忙しい仕事の合間をぬって、やっとお休みが取れたんでしょう。

ナンシーちゃんは、フック船長が大好きで、サインをもらいたくて、もらいたくて、それを目当てにディズニーランドに来ていました。

フック船長と写真が撮れるコーナーには、長い行列ができていました。
ナンシーちゃんとお父さんも並びました。
ナンシーちゃんは、自分の番が来るのを、今か今かと待っていました。

長い間待って、ついに、ナンシーちゃんの番が回ってきました。

ところがその瞬間、フック船長がいなくなってしまったんです！

ナンシーちゃんは、大泣きです。

でも、ディズニーランドはさすがです。

そんな姿を見て、キャストが……あ、ディズニーランドでは、スタッフを「キャスト」と呼ぶんですけどね、キャストがすぐに、「いかがいたしましたか？」と聞きにきました。

お父さんはカンカンです。

「コラー！　どういうことだ！　散々待たせておいて、フック船長がいなくなるなんてひどいじゃないか！」って。

「それは大変申し訳ございませんでした。後ほどお詫びとご説明に伺いますので、ホテルと部屋の番号を教えて下さい」

キャストにそう言われたので、お父さんも部屋番号を教えて、その場はそれでおさまりました。そしてしばらく遊んだ後、ナンシーちゃんはお昼寝のためにホテルに帰りました。

ホテルの部屋に入ると、部屋の窓が開いていました。

「あれっ？　確か、閉めていったはずだけどなぁ……」

と思いながら、ふとベッドの枕元を見ると、こんな手紙が置いてありました。

「ナンシーへ
今日は、フック船長が意地悪したんだってね。
ホントにごめんね。
でも、気にしないで、また遊びに来てね。
ナンシーの友達　ピーターパンより」

そして、その手紙の横には、ピーターパンの人形が置いてありました。

これを見たナンシーちゃんは「窓からピーターパンが入ってきて手紙を置いて

いってくれたんだ!!」と大喜び。

それを見たお父さんは、「ディズニーランドもなかなかやるわい」……と思ったでしょうね。

話はここで終わりです。

これは、私が尊敬する木下晴弘さんから聞いた話ですが、さぁ、みなさん、この話を聞いて「さすがディズニーランドはすごいな」だけじゃダメなんですよ。


大事なことは、みなさんがここから何を学ぶかなんですよ。

今回、このキャストは、すばらしいクレーム対応ができたと思うんですが……ちょっと考えてみましょう。


お父さんが怒りましたよね。

お父さんは、何に対して怒ったんでしょうか。

私、この話を初めて聴いたときに、木下さんにそう聞かれて「フック船長がいなくなったから怒ったんでしょ」って思いました。

でも、違うんだって、木下さんが教えてくださいました。

もしも、キャストが「お父さんは、フック船長がいなくなったから怒ったんだ」と考えたとすれば、そのことを誠心誠意、謝るしかないじゃないですか。

そうすると、こんなクレーム対応になっていたんでしょうね。


ホテルの部屋にフック船長を連れてきて、「こいつが勝手にいなくなって、すみません。こらっ、謝れ！」って言って、フック船長に謝らせるんですよね。

フック船長も「ホントすみませんでした。これ、お詫びのクッキーです」なんてやるんでしょうね。


でも、あこがれのフック船長がお父さんに対して、土下座をして謝っている姿を見たら、ナンシーちゃんはどう思うでしょう？

ナンシーちゃんあこがれのフック船長はそんな、人に頭下げて謝るようなキャラクターじゃないですよね。


そんなことしたら、ナンシーちゃんの夢も希望も丸つぶれです。

そんな姿を見たナンシーちゃんは、もっと泣いてしまうんじゃないでしょうか？　さらにそのナンシーちゃんの姿を見たお父さんは、もっともっと怒るんじゃないでしょうか？

そもそもお父さんは、最初は何で怒ったのでしょうか？

本当に「フック船長がいなくなったから怒った」のでしょうか？

お父さんは毎日、朝早くから夜遅くまで忙しく仕事をする中、奇跡的に取れた休みのはずです。

家でのんびり疲れを取りたいはずなのに、なぜ、わざわざ早起きして、ナンシーちゃんをディズニーランドに連れてきたのでしょうか？

お父さんは、ナンシーちゃんがディズニーランドで喜んで遊んで、「お父さん、楽しかった！」って笑顔で言ってくれたら、仕事の疲れなんてふっ飛ぶんですよ。ナンシーちゃんの笑顔が見たくて、ディズニーランドに来ているんです。

ところが、**ナンシーちゃんの笑顔が見たくて来たディズニーランドで、ナンシ**

ーちゃんが泣いたんです。

だから怒ったんですよ。


キャストは、その本質をちゃんとつかんでいました。

本質を見極めたら、後の行動なんて簡単です。

「ナンシーちゃんが泣いたから、お父さんは怒った。だから、ナンシーちゃんを笑わせればいい」んです。

というより、ナンシーちゃんを笑わせることができなかったら、今回のクレーム対応は意味がありません。失敗です。

しかも、ナンシーちゃんの夢を壊すことなく、笑わせなくてはいけません。

しかし、今回のクレーム処理はナンシーちゃんの夢を壊すどころか**ナンシーちゃんの夢を、もっともっと膨《ふく》らませています。**


この手紙はナンシーちゃんにとって、一生の宝物になったことでしょう。

すばらしいクレーム対応です。

ディズニーランドのキャストは、なぜこんな対応ができるのでしょうか？

これは、相手の立場に本質的に立てるかどうかだと思います。表面的にではありません。本質的に相手の立場に立てるから、こんなにいい仕事ができるんです。こういう仕事ができる人って幸せですよね。

ちょっと話は変わりますが、こういうことって、仕事が始まったらいっぱい起こりますよ。

お客様とのトラブルや、上司や先輩とのトラブル、何か注意されたり、怒られたり、ということがあると思います。

些《さ》細《さい》なことで、こっぴどく怒られたりすることもあると思います。

でも、みなさんは、そこだけを見ちゃいかんのですよ。

「なんで部長は、こんな些細なことで俺のこと、こんなに怒るのかなぁ？」とそれこそ、**「素直な心」**で、**「このことは自分に何を教えてくれているのかなぁ？」**と考えると、見えてきます。

意外と自分に原因があって、実はそれが積もり積もっていて、今回の些細なことがきっかけで「なんだお前！」と相手は爆発しちゃったりするわけです。
そういうこと、多いですよ。

そういう場面で、何がいけなかったのかなぁ……と、その出来事だけじゃなくて、今までのことも含めて考えて……相手の立場に立って考えてみる。
すると、「あぁ～、確かに今まで自分がやってきたことを考えると、もし逆の立場だったら、今回、ここまで怒るのもわかるなぁ」って、気が付くかもしれないですよね。

そうすると、変わりますよね。自分の行動が。

これ、「おもてなしの心」なんて言ってますけど、**結局「相手の立場に立ってものを考えられるか」ってことなんですよ**ね。

2. 約束のお子様ランチ

これは、「日本メンタルヘルス協会」の衛藤信之《えとうのぶゆき》さんが、元東京ディズニーランド総合プロデューサーの堀貞一郎《ほりていいちろう》さんから聴いたエピソードを、話してくださったものです。

ある日、若い夫婦が2人でディズニーランドのレストランに入ってきました。夫婦は2人掛けのカップル席に案内されると、「お子様ランチ2つ」と注文したんです。ところが、ディズニーランドには、「お子様ランチは9歳まで」という決まりがあるそうです。

キャストは、丁寧に頭を下げて言いました。

「お客様、大変申し訳ございません。

お子様ランチは、大人の方がお召し上がりになるのには少なすぎますので、お子様限定のメニューになっております」

それを聞いた女性は、がっくりと肩を落としました。

キャストは、女性がとてもがっかりしたのを見て、これは何か特別な理由があるのかも……と思い、思い切ってたずねてみました。

「お子様ランチは、どなたがお召し上がりになりますか？」

女性は静かに話し始めました。

「実は、私たち2人には子供がいたのですが、1歳のお誕生日を迎える前に、病気で亡くなったんです。

生前、子供の病気が治って元気になったら、いつか、3人でディズニーランドに行って、お子様ランチを食べようね……と約束していたんです。

なのに、結局、その約束を果たすことができなかったんです。

今日は、子供の一周忌なのですが、子供の供養のためにその約束を果たそうと思ってディズニーランドに来たんです」

「かしこまりました。お子様ランチ、お2つですね。

それでは恐れ入りますが、お席を移動していただけますか」

キャストは2人に向かって深々と頭を下げると、2人掛けのカップル席からファミリー席に移動してもらいました。

そして、キャストは2人の間に、子供用のイスを準備すると、「お子様は、どうぞこちらに」と、**まるでそこに子供がいるかのように導きました。**

しばらくすると、お子様ランチを3つ持ってきて、子供用のイスの前に、3つ目のお子様ランチを置いて言いました。

「こちらは、ディズニーランドからのサービスです。

ご家族でごゆっくりお楽しみください」

2人はとても感激したそうです。

そして後日、ディズニーランドには、こんな手紙が届いたそうです。

「お子様ランチを食べながら、涙が止まりませんでした。

私たちは、まるで娘が生きているかのように家族の団らんを味わいました」


これね、とてもいい話だな、と思うんです。

ディズニーランドにも、いろんなルールがあります。

今回の件も、「お子様ランチは9歳まで」というルールがあったわけですが、
ディズニーランドのすごいところは、こんなルールがあることです。

「本当にそれがお客様のためだったら、そのルールを曲げても良い」

これね、すごいです。すごいことです。
だから、いろんな遊園地が、ディズニーランドの真似をしようとしていますが、
なかなかそこまでいかないですよね。
この話を聴くと、**形だけ真似してもダメ**だってことがわかりますよね。
根っこの部分……ディズニーランドの考え方とか、あり方とかを押さえないと、

ディズニーランドのレベルには達しないんです。

会社には、いろんなルールやマニュアルがあって、ディズニーランドのようにはいかないかもしれないけれど、みなさんには、お客様からルール外のことを頼まれたときに、**「これは決まりだからできません」と簡単に言ってしまうような人にはなってほしくない**んですね。

そのルールの中で、精一杯のことをするとか、**違う方法で、何か望みを叶えることはできないかと一生懸命に考えること……そういう姿勢が大事だと思うんです。**

お客様が本当に望んでいることは何だろうか、と本質的に考えようとする気持ちがあったら、行動もやり方も、だいぶ違ってくるんじゃないかと思うわけです。

衛藤さんは、**「マニュアルを超えたところに感動がある」**とおっしゃっていました。**マニュアルを、どう超えるか……これはみなさんの「心の姿勢」というか、「あり方」次第**なんです。

3. 命のサイン帳

ある日、ディズニーランドのインフォメーションに、お母さんが元気なさそうにやってきて言いました。

「今日、子供と一緒に来たんです。

子供が、ミッキーちゃんだとか、ミニーちゃんだとかのキャラクターにサインをしてほしいと言っていたので、サイン帳を持ってきたんです。

子供は、キャラクターを見つけては、ひとりひとりにサインを書いてもらっていました。

そして、あと少しでサイン帳が全部埋まる、というところで、そのサイン帳を失《な》くしてしまったんです。

落とし物で届けられていないかと思って来てみたんですが、ありませんか？」

そのインフォメーションには、サイン帳は届けられていませんでした。

そこで、そのキャストは、考えられるいろんな所に電話をしてみましたが、どこにも届けられていなかったんですね。

そこで、そのキャストは、サイン帳の特徴を詳しく聞いた後、「いつまでご滞在されますか？」と聞いたそうです。

その家族は2日後のお昼には帰らなければならなかったそうです。

キャストは「それでは、この後もう少し探してみますので、2日後、お帰りになる前にもう一度こちらにお寄りいただけますか」と言ったそうです。

そして、お母さんが帰られた後、そのキャストは、さらに細かな部署に電話をかけて聞いてみたり、自分の足で、駐車場や心当たりのある場所を探し回ったりしたそうです。

でも、どうしても見つからなかったんです。

で、そのキャストは、どうしたかというと、**そのサイン帳と同じサイン帳を自分で買って、自分の足で、いろんな部署を回って、キャラクターのサインを全部書いてもらって当日を迎えた**そうです。

当日は、お父さんがやってきました。多分ほとんどあきらめていたと思います。

キャストは、お父さんに言いました。

「申し訳ございませんでした。

サイン帳は見つけることができませんでした。

でも、お客様、こちらのサイン帳をお持ち帰りください」

お父さんがびっくりして中を見ると、キャラクターのサインが全部書いてあったんですね。お父さんは、もちろん大喜びして、「ありがとうございます！」と持って帰ったそうです。

で、この話はまだ終わらないんです。

後日、ディズニーランドにそのお父さんから、一通の手紙が届きました。

原文のままではなく、私がまとめたものですが、こんな手紙だったそうです。

先日は「サイン帳」の件、ありがとうございました。

実は、連れてきていた息子は脳腫瘍《のうしゅよう》で「いつ死んでしまうかわからない」状態のときでした。

息子は物心ついたときから、テレビを見ては、「パパ、ディズニーランドに連れて行ってね」「ディズニーランド行こうね」と、毎日のように言っていました。

「もしかしたら、約束を果たせないかもしれない」

命が、あと数日で終わってしまうかもしれないというときに、どうしても息子をディズニーランドに連れて行ってやりたいと思い、無理を承知で、ディズニーランドに連れて行きました。

その息子が夢にまで見ていた大切な「サイン帳」を落としてしまったのです。

あの、ご用意頂いたサイン帳を息子に渡すと、息子は、「パパ、あったんだね！パパありがとう！」と言って大喜びしました。

そう言いながら息子は数日前に、息を引き取りました。

死ぬ直前まで息子はそのサイン帳をながめては、「パパ、ディズニーランド楽しかったね！　ありがとう！　また行こうね」と言って、サイン帳を胸に抱えたまま、永遠の眠りにつきました。

もし、あなたがあのとき、あのサイン帳を用意してくださらなかったら、息子はこんなにも安らかな眠りにはつけなかったと思います。

私は、息子は「ディズニーランドの星」になったと思っています。

あなたのおかげです。本当にありがとうございました。


手紙を読んだキャストは、その場に泣き崩れたそうです。

もちろん、その男の子が死んでしまったという悲しみもあったと思いますが、「あのときに精一杯のことをしておいて、本当に良かった」という、安堵《あんど》の涙だったのではないでしょうか。


で、ここで学ばなきゃいかんことがあります。

このまま、「いい話だ」で終わらせちゃいかんのですよ。

ここで質問です。

「このキャストは、たまたま運が良くて、こんなに大事なときに、こんなにいい仕事ができたのでしょうか？」

今回のこのキャストのした仕事は、人の人生を変えています。

もちろん、その亡くなってしまった子供も嬉しかったと思いますが、それ以上に、その**親の人生を変えている**と思うんです。

私も一児の父親ですから、よくわかるのですが、自分の最愛の息子が死んでしまったら、これほど悲しいことはありません。

でも、**その子が最後笑顔で亡くなっていくのと、「あのサイン帳どこにいっちゃったのかなぁ……」と悲しみながら亡くなっていくのとでは、全然違います。**

もし、あの「サイン帳」がなかったら、ご両親は、「あのサイン帳をなぜ、失くしてしまったんだろう」「自分がちゃんと見ておかなかったから、いけなかったんだ」と一生、悔やむことでしょう。

自分を責め続けたことでしょう。

でも、**このスタッフのした仕事で、このお父さんとお母さんが、どれだけ救われたか……。**

間違いなく今後の二人の人生を変えています。

本当にすばらしい仕事です。

もちろん、このキャストに会ったことはないですが、私はこう思います。

多分、その子は、普段から、いつでも、どんなときでも、誰に対しても精一杯のことをしていたんじゃないでしょうか？

だから、こんな大事なときにこんなにいい仕事ができたんじゃないでしょうか？

今回の話で言えば、散々探しても見つからないのなら、「申し訳ございませんでした。本当に一生懸命探したんですけれど、どうしても見つかりませんでした」このひと言でも、十分です。

お父さんも納得してくれたでしょう。

誰も責めたりしないと思います。

だけども、お客様のために自分にできることは……と考えて、サイン帳を買いに行った。すべての部署を回って、サインをもらった。

もちろん、仕事中、暇でそんなことやっているわけじゃないですよ。

自分の仕事もたくさんあって、それを終えてから、勤務時間外にそういうことをやるでしょう。

でも、**「お客様が喜んでくださるんだったら、それくらいのこと、喜んでやります！」**っていう人だったから、今回、こういういい仕事ができたのではないかなと思うわけです。

特別授業2

「ツキを呼ぶ魔法の言葉」

――五《いつ》日《か》市《いち》剛《つよし》さんに学ぶ

以前、この授業を受けた人から、こんなお手紙が届きました。

「私は職場で孤立し、暗い日々を送っていました。

『ツキを呼ぶ魔法の言葉』のお話を聴いたとき、そんなことで本当に変わるのかと疑問に思っていましたが、実際にやってみたら、予想外にいろんな効果がありました。

その言葉を口にすると、ガラリと明るく変わり、心が穏やかになってきました。不思議なことに、最近、周りの人たちが優しくなってきた気がします。

おかげで今も仕事をしています。本当にありがとうございました」

さて、この授業を聴いて、実行するかしないかは、みなさん次第です。ぜひ、心を開いて授業を聴いてください。

1. 五日市さんの特技は「人のあら探し」だった

これからする話は、素直に聴いて「よし、やってみよう!」と思える人には、この後の人生を左右するような話になるはずです。

ここに『五日市剛さんのツキを呼ぶ魔法の言葉─講演筆録─』という冊子（とやの健康ヴィレッジ刊）があります。この冊子は、この類《たぐい》としては、ケタ違いの冊数が読まれている伝説のものです。

その**工学博士の五日市剛さんの『ツキを呼ぶ魔法の言葉』**の講演を聴いたときのお話をします。

五日市さんは、今や何冊も本を出していて、いろんなスポーツ選手や芸能人にも「五日市さんのおかげで幸せになれました」なんて言われていて、まさに「ツイてる人」の代名詞なんですが、昔はそうじゃなかったそうです。

どちらかと言うと、友達もできにくかったそうです。

実は、五日市さんには、**「人のあら探し」**という特技があったんですって。初対面の人と10分間、話をしたら、その人の欠点・短所を10個くらいあげられたんですって。

で、もし見つけたとしても言わなきゃいいのに、言っちゃっていたんですって。ストレートに。

五日市さん自身の言葉で言うと**「口から毒を放っていた」**そうです。

人の悪いところを見つけては、「あんた、ここが悪いよ」って言っていたそうです。例えば、大学の授業で、教授が2回くらい間違えると、「いい加減にしろ！　俺たちは、授業料払ってここに来てるんだ！　全然授業の準備してねぇじゃないか！」なんて言ってたんですって。

そんな風だったので、学校に行けば教授や友人とケンカばかり。アパートに帰れば大家《おおや》さんと、どうでもいいようなことで毎日のように、言い合いばかりしていたそうです。

でも、**「自分はいつでも正しくて周りがみんな悪い」**と思っていたんですって。

人間関係、最悪だったそうです。

結局、自分が吐いた毒で自分がやられていたんですよね。

ホント人間関係が最悪になってくると精神的にもキツくなって、いっぱいいっぱいになりますよね。五日市さんも、まさに崖っぷち状態だったそうです。

2. 現実逃避……イスラエルでの出会い

人間は、そういう極限の状態になると、次の3つのうち、どれかひとつの行動をとりやすいそうです。

ひとつ目は、人を傷つける。

2つ目は、自分を傷つける……最悪、自殺までしてしまうこともあります。

3つ目は、逃げる。


五日市さんは3つ目を選びました。現実逃避をしました。

でもね、イスラエルへひとり旅をしたんです。

イスラエルって、冬でも暖かい国と聞いていたので半袖短パンで行ったら、なんと70年に1度あるかないかの大寒波で雪が降っていたそうですよ。

さらに、お金を落とすわ、詐欺《さぎ》にも遭うわで散々だったそうです。しかも、その数日後、ハイファという港町に着くと、宿がどこも空いていなくて泊まれないんですって。

この大寒波の中、半袖短パンで、ですよ。

さぁ、困りました。

で、**「なんて俺はツイてないんだ」**って思って、道端に座りこんで、しょぼくれていたんです。

するとと、ひとりのおばあさんが「どうしたんですか？」って話しかけてきたそうです。

「日本から来た学生で、お金は落とすし、宿もないし、もう困っているんです」って言ったところ、おばあさんが、「だったらウチに来なさい」と言ってくれ、結局、おばあさんの家に泊まることになったそうです。

食事まで世話してくださって、いろいろ話をしたそうです。

3.「ツキを呼ぶ魔法の言葉は簡単なの……」

で、ここからです。大事な話は。

おばあさんと、だんだん深い話になったんですね。

五日市さんは、ほとんどおばあさんの話を聞いているだけだったそうですけど、おばあさん、こんな風に言ったそうです。

「五日市さんね、生まれ変わりって本当にあるのよ」「運命ってあるのよ」「世の中、ツイている、ツイていないっていうツキというものもあるの」。

五日市さんも自分がツイていないと思っていましたから「そりゃあるでしょうね確かに、ツキってありますよ」なんて話したそうです。

するとおばあさんが、この後なんて言ったかっていうと、

「でもね、**ツキを呼ぶ魔法の言葉があるの**」

さあ、このとき、最悪にツイていない五日市さんは、この言葉に食いつきます。

「それは何ですか？　どんな言葉なんですか？　それは難しい言葉ですか？　教えてくださいよ！」

おばあさんは、言いました。

「とても簡単なの。ひとつは、〝ありがとう〟。もうひとつは、〝感謝します〟」

4. 不幸の連鎖を断ち切るために……

五日市さんは、その言葉を聞いてがっかりしました。

「なんだ。月並みな言葉じゃないですか。そんな言葉、みんな言ってますよ。その言葉がツキを呼ぶんだったら、世の中の人、みんな幸せなはずじゃないですか。私だって言ってますよ。なのに、こんなにツイていない……」

おばあさんは言いました。

「……そうね、確かにみんな言っているかもしれない。

でも、この言葉、言えているようで、本当は言えていないんじゃないかな……。

この言葉は、使い方にコツがあるの。

嫌なことがあったら〝ありがとう〟。

いいことがあったときに〝感謝します〟……って言ったらどうかなぁ。もちろん、自分に言うのよ。

嫌なことが起こると、人は誰でも嫌なことを考えるでしょう。

そうすると、また嫌なことが起こるの。

〝不幸は重なる〟って言うけれど、これは宇宙を貫く法則なのよ」

五日市さんなんて、不幸が重なっていますからね、まさにそうですよね。

「だけど、そこで〝ありがとう〟って言うと、不幸の連鎖を、断ち切ってくれるだけじゃなくて、〝災い転じて福となす〟って、……逆にいいことが起こるのよ。

〝ありがとう〟って言葉は、どんなに不幸と思われる現象も、幸せと感じる状況に変えてくれるのよ。絶対にね。

だから、〝ありがとう〟という言葉はね、魔法の言葉なのよ……」

例えば、仕事が忙しくてイライラしているようなときも、「イライラさせてくれてありがとう」って言うんですって。

さらには、もし親が亡くなっても、歯を食いしばってでも「ありがとう」って言うんですって。

5. 「魔法の言葉」を本当に自分のものにする

多分、普通の状況の人がこの話を聞いても、「まぁ、そういうこともあるだろうな、なるほどな」くらいで終わっちゃうと思うのですが、五日市さんのこのときの心境は、まさに**「ワラにもすがる思い」**だったんですよ。

人間関係も最悪で、逃げたくてイスラエルに行ったのに、全然ツイてなくて、精神的にボロボロの状態でしたから、「この状況から逃れるためだったら、こんなこと、いくらでもやりますよ！嫌なことがあったら〝ありがとう〟って言えばいいんでしょ。簡単じゃないですか」

って、最初は、そんな気持ちだったそうです。

だから、日本に帰るまでに、**「ありがとう」「感謝します」という言葉を絶対にマスターしよう**と思ったそうです。

そこで五日市さんは、次の日、文房具屋さんに行ってサインペンを買って、手の甲や服の袖など、とにかく、**体中のありとあらゆる所、目につくところに、「ありがとう」「感謝します」って書きまくった**そうです。

絶対に忘れないように。パンツとかにも書いたそうですよ。

買ったサインペンが、たまたま水性で、雨が降るとにじんだり落ちちゃったりするんですって。

そうすると、また書くんですって。すごいですよね。徹底してますね。

で、**五日市さん、日本に帰ってきて、ものすごいツキまくっちゃうん**ですよ。

さっきお見せした冊子も、たった４００円なんですけど、それが売れまくって、印税が給料の何倍も入ってくるんですって。

お金だけじゃないですよ。**最悪だった人間関係も劇的に良くなったそうです。**

いろんな人が、どんどん自分の周りに集まってきてくれるんですって。

でね、それは何でかっていうと、**五日市さんが、本気だったから**なんだと思います。**この言葉をマスターしようって**て。

6.「ありがとう」が持つ不思議な力

実際に、本当にマスターするんですよ。五日市さんは。

日本に帰ってきてからも、常に「ありがとう」「感謝します」と言っていたそうです。

例えばですね、五日市さん、日本に帰ってきてから、2回も交通事故に遭うんです。車を運転していたら、前から走ってきた車が、センターラインをはみ出して、フラフラフラ～と、こちらの車線に入ってきたんですって。

でも、五日市さんはやっぱすごいですよ。

トレーニングが半端じゃないですから。

その車と正面衝突する瞬間、

「うわぁぁ!! ありがとぉぉぉ!!」

と叫んだんですって。

で、車はグシャグシャですが、幸いにも、体は大したことなかったので、車を降りて相手のところに行きました。

はい。今の状況、わかりますよね。相手が100%悪いんですよ。

たまたま、体が大したことなかったから良かったんですが、正面衝突ですから、一歩間違えれば、自分の命も危なかったわけですよね。

普通だったら、相手になんて言いますか。

多分、「あんた、なんてことするんだ！」って怒ると思うんですよ。

もちろん怒りますよね。

ところが、五日市さんが言ってましたけど、**「ありがとう」って言葉は、ホン**

ト不思議な力があるようです。

みなさん、本当に試してみてほしいんですけど、**「ありがとう！」って言うと、イライラしていた心や、怒りとかがスッとおさまる**んですね。

五日市さんも、ぶつかる瞬間に「ありがとう！」と言ったおかげで怒りがおさまっていますから、車を降りて、相手にかけた最初の言葉が、

「体、大丈夫ですか？」

って、**相手のことを、気遣ってあげられた**そうです。

普通、ありえないことですよね。

相手の方は、家族で乗っていたんです。

お母さんが運転していて、後ろの座席の小さな娘さんに気を取られたそうで、お母さん、自分が悪いの全部わかっていますから、「あぁ～！　大変なことしちゃった!!　相手の人、怒っているだろうな」って思っていたら、その相手が心配そうな顔をして「体、大丈夫ですか？」って言ってくれたんですね。

多分、このお母さんにしたら**五日市さんは、神様のように見えた**んでしょうね。

今でも、その方とは家族ぐるみでお付き合いがあるって言ってました。

まさに「ありがとう」ですね。

交通事故の被害者と加害者が仲良くお付き合いできるって、そうそうあること
じゃないと思いますよ。

もうひとつの事故のときは、五日市さんが加害者になっちゃんたんですけど、
相手がおばあさんでね、やっぱりそのときも、ぶつかる瞬間に「ありがとう!」
って言ったんですって。
それでやっぱり、おばあさんは無事で、お付き合いが始まって、そのおばあさ
んのお孫さんの家庭教師を頼まれたそうです。
その後も、ずっとお付き合いがあって、五日市さんの結婚式にはそのおばあさ
んが得意の太鼓を披露してくれたんですって。
本当にいい出会いだったと言ってます。**これもまさに「ありがとう」ですね。**
交通事故が、いい出会いになっちゃうんですからね。

7.「ありがとう」と言えば、「ありがとう」の心が生まれる

私、自分は基本的には素直だと思っているんで、こういう話を聴くと、すぐ自分でやってみるんですよ。

交通事故に遭う瞬間に「ありがとうっ！」って言えるレベルには、まだ達していないとは思いますが、**嫌なことがあったとき、イライラしたとき、「ありがとう」って言う**んですね。

口に出して言えれば一番いいんですが、それができないときは、**心の中で「ありがとう」って言うだけで、イライラした気持ちがスーッと落ち着く**んですね。

たとえ最初は「ありがとう」という気持ちがなかったとしても、心の中ででもいいから「ありがとう」と言うだけで、「ありがとう」という心が出てくるんです。

で、「ありがとう」という心が出てくると、その後、どういう思考回路になるかっていうと、**「あ、でも、このことは、こういう意味からすれば、確かに自分のためになったな」**とか**「ある意味、勉強になったな」**とかそう考えられるようになるんです。

まさに、**「時間を味方につける」**ってことですよね。

だから、ぜひこれ試してみてほしいです。

これ、やらないとわからないですから。

嫌なことがあったときに、「ありがとうっ！　よし、ありがとう！」ってね、ちょっと**心の中で言うだけでいい**から。

それだけで全然違いますよ。

あのね、**体調が悪いとか、気分が悪いとかって結局、ほとんどの場合、心の問題**ですよね。心が良くなるとね、体調もいいんですよ。ホントに。

私も最近体調がいいんですけど、まさに、この言葉のおかげだと思うんですよ。

でね、こういう話をすると、授業の感想に、「そんな、嫌なことがあったときに、ありがとうなんて、とても思えません」とかって書いてくる子がいるんですけど、私は別に「ありがとうって思え」とは言ってないんです。


口に出して……出せなければ、心の中で言うだけでいいんです。

こんなの、小学生だってできるじゃないですか。

だから、それをするかどうか、だけなんです。

で、それをぜひ、ず～っと試してみてください。


そしたら間違いなく、「比田井先生の言ってたこと、ホントだ」って思うときが来ますよ。みんなの先輩でも、ちゃんとやっている人がいますよ。

「この授業受けて、試してみたらホントにいいことありました」とか**「最近、胸のあたりが穏やかです」**とね、言うんですよ。

ちゃんとやること、大事ですね。基本ですね。

五日市さんだって、最初は「ただ言葉を言うだけでいい」という感じで始めた

んですけど、それでも**本気でやっていったからこそ、最終的には本当の「ありがとうの心」をマスターすることができたん**ですものね。

8. 「感謝します」の使い方

はい。もうひとつ言葉がありましたね。

いいことがあったら「感謝します」。

これは、実は別の使い方があるんです。すごいですよ。

「まだ、そういうことが起こっていなくても、〝感謝します！〟って言うと、それが現実になるのよ」っておばあさんが言うんですね。

どんな風に使うかっていうと、例えばですよ。

これから就職活動をする人が、「内定がもらえました、感謝します！」とか、独身で彼氏もいない女性が、「結婚できました、感謝します！」とかね。

そんな風に、**これから実現してほしいことを口に出して言う**んですって。


五日市さんの話の中では、ある高校生の話が出てきました。

その高校生は大学受験生で、第一希望が慶應大学だったんですって。

難しい大学ですよね。

でも、その高校生、成績は悪かったんです。

3年生になって、模試を受けたら、「D判定」とかもらうそうなんですね。

3年生の11月頃にですよ。

D判定っていうと、A～Eの5段階評価の下から2番目、「もうあなたは全然ダメですよ、やめておきなさい」ってそういう判定だったんですって。


ところがその子はどうしたかっていうと、五日市さんの講演を聴いた後、すぐにカメラを持って、慶應大学の門のところに行って、門をバックに、自分のガッツポーズの写真を撮ったんです。

で、その写真を大きく引き伸ばして、そこに「慶應大学合格しました！　感謝します!!」って書いて、自分の机の前にバーンと貼って、毎日、勉強する前には必ずその写真を見て「慶應大学合格しました！　感謝しま～す!!」って言って、勉強をしていたんですって。

ほんのちょっとの期間。

そしたら、みごと、受かったそうです。

みなさんもこの後、就職試験があったり、就職すれば、難しい仕事の担当になったりすると思います。

そこで大事なことは、**「これだけのことやったら、絶対、俺、合格できる、いける！」と思って勉強や仕事をするのと、「こんなことやったって、どうせダメだよなぁ～……」って思いながらするのとでは、たとえ同じ時間、同じ量勉強や仕事をしたとしても、結果が全然違う**ってことなんですよ。

「慶應大学合格しました！　感謝します！」って言ってから勉強をすると、気持ち的には、「俺、合格できちゃうよ！」って気持ちが出てくるんですね。
その気持ちで勉強すると、結果が全然違いますね。
これ、まさにそうですね。
私も長いこと、授業をしていましたけど、ずっと言ってましたね。
「〝これだけやれば受かる〟と思って勉強できるかどうかって大事よ～」って。
まさに、同じことかなぁと思いますね。

9. 今の自分は「なりたかった自分」

別の人も、こんなこと言ってますよ。
「イメージしたことが現実になる」って。
よく言われることなんです、実は。
「今のみなさんは、みなさんがなりたかった自分なんですよ」って。

もしかしたら、自分の中では、「こんな俺になりたくなかった」って思っているかもしれないけど、本質的には、「結局あなた、なりたかったんでしょ。そういう自分に」ってことなんですよ。

例えば、遅刻するとか、あいさつ全然できないとか。

「ホントは俺、こんなに遅刻する自分になりたくない」とか思っていて、実際のところ、「よし、じゃあ明日から30分早く起きて、絶対遅刻しないぞ!」って心に決めても、心のどこかで、「でも俺って、早起き苦手だから、1週間も続かないかもなぁ……」なんて、**自分に関してあきらめていたり、逃げ道を作っていたりするもんなんですよ。**

自分で決めたことなのに、自分でその決意を破ることをイメージしていたりするもんなんですよ。

それが、結局「自分のイメージ通りになる」ってことなんですね。

言い換えれば、**「今の自分は自分がイメージしていた(=なりたかった)自**

分」ということになるわけなんです。

あいさつだって、同じですよ。

「○○さんのように、あいさつができる人になりたい」って思っていても、心のどこかで、「○○さんのように、あいさつができる人になりたいけど、私は○○さんのように明るくないし、自信もないからきっと無理だよね……」なんて、**自分の理想を結局「でも」とか、「けど」とかの否定語でつなげて「できない自分」をイメージしちゃっているん**ですよね。

だから、最初は決心して、あいさつをし始めても、ちょっとうまくいかないことがあると、「やっぱりダメだった……」なんてあきらめてしまうんですよね。

だいたい、「やっぱり」という言葉が付くってことは、最初から「できない自分」をイメージしていたってことじゃないですか。

「遅刻しない人間になりたい」とか「元気にあいさつができる人間になりたい」って**本当に、本気で心の底から思っていたら、なれる**ものなんですよ。

だから、「イメージしたことが現実になる」って本当だなって思います。

10. 口に出して言えば叶う

でね、大事なことは……やっぱ、努力ですよね。

ただ言っただけじゃ、ダメなんですよ。

「○○になれました、感謝します！」って言葉に出して、イメージして、努力できるかどうか。

イメージして、声に出してね。試してみてくださいよ。

五日市さんも、こんなこと言ってました。

言葉って不思議な力があって、**口に出して言うと、最初はそんな風に思っていなくても、だんだんそう思うようになってくる**んですって。

夢が叶うの「叶う」っていう字は、口に十って書くんですが、その漢字通り、

口に出して10回言えば、叶いやすくなるんですよ。

最初のうちは、心の中ではそんなに気持ちが盛り上がっていなくても、**口に出して言っているうちに、だんだん心のレベルが、言葉のレベルに引き上げられていく**んですって。

実際、10回口に出して言うと、最初は口先だけの「合格できました。感謝します」ぐらいだったのが、だんだん気持ちが入ってきて、「合格できました！　感謝します！」って、元気に言えるようになってきます。

そして最後は、もう吹っ切れて「合格できましたっ!!　感謝しま〜すっ!!!」って感じになって、**心のレベルも言葉と一緒にどんどん上がっていく**んですって。

そうなると、**気持ちもノッてきて集中して頑張れたりする**んですって。**今までの自分からは、考えられないくらい本気で努力できたりする**んですって。

だからみなさん、ぜひ試してみてください。

素直にやってみてください。

11. 絶対に言ってはいけない言葉

それでですね、逆に、**「絶対に言っちゃいけない言葉」**っていうのがあるんですって。おばあさん、こう言うんですって。

「言っちゃいけない言葉があるの。
これを言うと、今までにあなたが積み上げてきた徳とか、ツキとか、運が全部吹っ飛んじゃうのよ」

もう、五日市さんはびっくりして、「どんな言葉ですか。そんな恐ろしい言葉、あるんですか?」って、聞いたんです。

「汚い言葉……例えば、〝てめぇ〟とか、〝ばっきゃろー〟とか〝死んじまえ〟とか、**そういう言葉を使う人は、そういう人生を歩むのよ。**
だから、きれいな言葉を使いなさい」

みなさん、どうですかね。私も、みなさんの歳の頃を思い出すと、ホント汚い言葉遣いしてました。

それが、あたかもカッコイイかのような、勘違いをしてね、使ってました。

私も、この話を聴くまでは、汚い言葉、使うことありましたね。

でもね、この話聴いてね、やっぱ、いけないなぁ~と思って、ホントこういう言葉、使うのやめました。

今、私は、みんなに言わなきゃいけないので、例えば、ということで汚い言葉を言いましたけど、こんな言葉、言いたくないですよ。

口に出して言うだけで嫌ですよ。言葉って怖いですよね。

口に出して言うだけで、そういう心、出てきますからね。

だいたい、親子ゲンカとかね、兄弟ゲンカとか、汚い言葉、出てくるじゃないですか。

「こんなことまで思っていないのに思わず言っちゃった」とかあるでしょ。

そういう心が出てきているんですよ。汚い心が。

汚い言葉を使うと、汚い心が出てきて、汚い心が出てくると、さらに汚い言葉が出てくるんですよ。相乗効果ですよ。**悪い悪い相乗効果**ですよ。**だから言っちゃいけない。言っちゃいけないんです。**

それに、汚い言葉って、人が言っているのを聞くだけでも嫌な気持ちになるでしょ。

自分が汚い言葉を言ったときって、その言葉を一番近くで聞く人って誰だと思いますか？

一番近い人って、自分ですよね。

自分の耳が、自分の言葉を一番近くで聞くんですよ。

相手に向かって嫌な言葉を言っているつもりでも、実は自分に一番その言葉を聞かせているんです。

自分が嫌な気持ちになるんです。汚い心が出てくるんです。

まさに、自分が吐いた毒で、自分がやられることになるんです。

みなさん、気をつけてください。今日から。今から。

きれいな言葉、使いましょうよ。はい。

12. 言葉には魂が宿る

でね、ここまでの話を聴いて、五日市さん、聞いたそうです。

「じゃあ、ありがとうとか、感謝しますとかの言葉は、誰に対して言えばいいんですか?」

そしたら、おばあさんね、

「言えばいいの。誰に対してとか、そういうんじゃなくて、**ただ言えばいいのよ。口から出た言葉には、魂が宿るのよ。だから、言うだけでいいのよ**」

さっきから私、何度も言ってますけど、言葉って不思議ですね。

そんなこと、思っていなくても、言えば、そういう気持ちが出てくるんです。

たとえ思っていなくても、「ありがとう」って言えば、「ありがとう」の心が出

てくるんです。

逆に、汚い言葉を使えば、汚い心が出てくるんです。

だから、言うだけでいいんです。いい言葉をね。そして、おばあさんは、こうも言うんですって。

「逆に、怒っちゃいけないのよ。

怒るっていうのは、ただの自己満足。何の得にもならないのよ。

人に怒ってもツキは逃げていっちゃうわ。

怒れば怒るほど、あなたがせっかく積み重ねたツキがどんどんなくなっていくのよ。怒りたくなったら、自分にありがとうって言ったらいいのよ」

それだけで、どんどんツイてくるんですよ。

五日市さんはそれを経験していますからね。

「ありがとう」「感謝します」でどんどんツイてきて、自分の周りに、どんどん人が集まるようになってきましたよね。

講演会をするって言えば、3千人くらい、簡単に集まるんですからね。

13. 「ツイてる」で変わったAさん

五日市さんはさらに、Aさんの話をしてくれました。

五日市さんがいた会社に勤めていた人の話です。

そのとき、五日市さんは研究所の課長、Aさんは係長でした。

でも年齢は、五日市さんよりも一回り上だったそうです。

この人、どういう人だったかっていうと、全然仕事やる気ないんですって。責任感もないし、もうホントいい加減で夕方の5時になったらピューって帰っちゃうし、周りの人からも嫌われていて、

「あの人とだけは一緒に仕事したくない」って、言われていたそうです。

五日市さんは、そんなAさんを見かねて、「Aさんのことを面倒見ますから、

私の前の席に移動させてください」って五日市さんの上司に頼んだそうです。

上司は、「Aさんは、ちょっと問題あるぞ〜、それでもいいのか？」って言ったそうですが、五日市さんは、「大丈夫ですよ。多分、気が合うと思いますよ」なんて言って、Aさんが五日市さんの前の席に来たんですって。

で、五日市さんはAさんにこんな風に言ったそうです。


「Aさんね、毎朝、ロッカールームで会うでしょ、私、そのときに『Aさん、ツイてる？』て聞きますから、**ツイていようが、ツイてなかろうが、〝ツイてます〟と答えてください**」


Aさんは、「何でそんなバカなこと、やらなきゃいけないんですか。嫌ですよ」って言ったそうですが、五日市さんは、「いやいや、まぁ、いいじゃないですか、遊び心ってもんですよ。言うだけですよ。ねっ、言うだけ」って強引に頼んだんですね。

Aさんも、上司の言うことですから、「わかりましたよ、言います言います」

ってことになったそうです。

次の日から、五日市さんはロッカールームでAさんに会うと、

「Aさん、おはようございます。ツイてますか?」

って聞くんですね。そうすると、Aさんも約束だから、

「あぁ、はい。ツイてますよ」

って嫌々ながらも言いますよね。なんかそっけない。


そんな日が、何日か続いたそうです。それが、しばらくすると、「Aさん、ツイてます?」って聞くと、「えぇ、ツイてます。……あぁ、そう言えば、今朝、女房が作ってくれた卵焼きがやけにおいしかったなぁ。これ、ツイているかもしれないですね〜」とか、「いつもは、高校に行きたがらない息子が、今日は何も言わずに学校に行きましたからツイてますね〜」なんて、**だんだんツイている理由まで言うようになってきたん**ですって。

五日市さんとAさんは、同じ研究所に勤めていたんですが、仕事中に「ツイて

ます？」って聞くと、「今日は、いいデータが取れました（＝実験の結果が良かった）。業者さんも、気が利いたもの持ってきてくれたので、実験がとってもスムーズにいきました。ツイてますね～」なんて言うようになったんですって。

さらにはそこから数カ月経つと、なんと、**Aさんの作ってた試作品が世界最高と言われている海外の製品に並ぶほどの、いいデータが出た**んですって。すごいですよね～。

Aさんね、その分野の研究、もう10年もやっているんですって。でも、今までAさんが作ってきた試作品は、どれもこれも役に立たないものばかり。もう、ど～しようもない。そんな状態が10年も続いてきたんですけど、ここへきて、こんなにいいデータが取れた。

でも、データっていうのは、時には、瞬間的にすごいデータが取れることがあるので、たまたまだったのかな？　と思っていたそうです。

だけども、数カ月経つと、この、世界最高のものに並ぶデータが、コンスタントに出るようになったんですって。

で、さらにそこから数カ月経つと、今度はその世界最高の製品のデータよりも2桁《けた》3桁いい……つまり、10倍とか、１００倍とかですよね、そんなチョーすばらしいデータが出るようになったんですって。

「うわ～これ、とんでもなくすごい！　これが製品となって世の中に出たら、すごいことになる!!」って、大騒ぎだったそうですよ。

で、この頃になるとAさんはどういう状況だったかっていうと、**仕事が面白くて面白くて仕方なくなっていた**んですよ。

休みの日も、普通に職場に来て仕事していたんですって。

平日も、以前は5時になったら、ピューって帰っていたのに、6時になっても、7時になっても、8時になっても帰らない。

夜遅くまで、一生懸命仕事しているんですって。**生き生きとした目で。**

もう、その頃は、**五日市さんが「ツイてる?」なんて聞かなくても、勝手に自**

分で、「ツイてるツイてる、ツイてるツイてる」ってやってるんですって。

もう、「うるさ～い！」って言いたくなるくらい「ツイてるツイてる」って言っているんですって。楽しそうに。笑顔で。

すごいですね。

ひとりの人間が、1年も経たないうちに、これだけ変わったんですって。

1年前のAさんからは、考えられないくらいの変わりようですよね。

五日市さんが言うには、**「私がやったことは、Aさんに、〝ツイてる〟って毎日言ってもらった……それだけです」**って。

でも、これ大事ですよ。

だいたい、**マイナスのこと言っているとマイナスのこと起きます**しね。**もし悪いことが起こっても、「考えようによってはツイてる」って思える人って、いいことが起きてくる**んですよね。

でね、結局、会社も何億というお金を投じて、Aさんの開発した製品を大量生産することになったんですって。サクセスストーリーですよね。はい。

五日市さんの本には、ここまでしか載ってないんですって。

でも、実は、この後の話があるんです。

14. じゅもんを忘れりゃ元通り……

さて、Aさんが開発したものが製品化されることになり、Aさんは、工場で生産指導をする立場となりました。これってすごい名誉なことですよね。

自分の開発したものが製品になって、しかも大量生産されるようになって、その管理を任されるなんて。

ところがAさんは、自分が研究所から工場に行くことになったと聞いて、「あの工場には、○○工場長とか、××課長とか、△△主任とか嫌いな人ばっかりなんですよ。あそこの工場、行きたくないんです」って言うんですって。

まぁ、そんなこと言ったって、会社の命令ですから、もちろん、Ａさんはその工場に行ったんですね。

で、**Ａさんがその工場に行って、もしも「ありがとう」「感謝します」「ツイてる」と言っていたら、その製品もうまくいっていたと思う**んですよ。

ところが、Ａさんね、工場に行って、例えばお客様から、ちょっとしたクレームがあったりすると部下に「これはなんだ！　なんで言った通りにできないんだ〜！」って、**罵声《ばせい》を浴びせてばかりいた**んですって。

そんなの、Ａさん自身が小回りをきかせてチョコチョコ気を配っていれば簡単に解決できることなのに。人のせいにしてね。

イライラして、しかめっ面して、口からは愚痴や弱音、泣き言ばかり。

そんな風になっちゃったんですって。**忘れてしまったんですね。魔法の言葉を。**

結局、その製品はダメになってしまいました。製造中止。

会社は投じたお金がパァ～。

Aさん自身もやる気がなくなってしまって、以前のAさんに逆戻りしちゃったんですって。

いい加減で、無責任で、夕方5時になったらすぐ帰る、やる気のないAさんに逆戻りですよ。

そう言えば、五日市さんが出した、『じゅもん』（監修：五日市剛　文：長畑佐代子　とやの健康ヴィレッジ刊）という絵本があるんです。

この絵本は、五日市さんご自身のことをモチーフにして作った子供向けの本です。

「じゅもん」というのは、具体的には、**「ありがとう、感謝します」**の言葉のことなんですが、神様が、ゴーンという男性に「いつでも〝ありがとう、感謝します〟を言えるようになったら幸せにしてやろう」という約束をするんですね。

で、ゴーンは、その約束を守って幸せになるんですが、神様が最後に出てきてですね、こう言うんですって。

「じゅもんを忘れりゃ元通り　地獄の世界に連れて行く
容赦しないぞ　そのときは　泣いてばかりの　世界に戻す」

こんなこと言ってるんですよ。おっかないですね～。

「せっかくね、いい言葉を使ってうまくいくようになっても、その言葉を忘れたら一緒ですよ……それをAさんは教えてくれたんです」

って五日市さんは言ってました。

ですから、みなさんぜひね、忘れないでほしいな。

15. 自分の発した言葉は、必ず戻ってくる

言葉っていうのは、発すると宇宙に飛んでいくんですって。

そして、しばらくして戻ってくるんですって。

しかも、時間が経過した分、成長して戻ってくるんですって。

さらに、友達まで連れて戻ってくるんですって。


自分の発した言葉がきれいな言葉、いい言葉だったら、とってもいい言葉として帰ってくるんですよ。そして自分を幸せにしてくれる。

ところが、自分の発した言葉が悪い言葉、汚い言葉だったら、大きくなって、たちの悪い友達まで連れて帰ってきて、結局自分を傷付けるんですって。


で、言葉っていうのは、一度発したら、宇宙に刻印されるらしいですね。

これ、もう、絶対消えないよっていう……そういうことなんです。

言葉は、言ってしまえば消えると思っているかもしれませんが、消えないらしいですね。

だから、もし、悪い言葉を言っちゃったら、きれいな言葉や相手が喜ぶ言葉をその何倍もバンバン言って、刻印されてしまった嫌な言葉を覆い隠してくださいね。そのくらいのことしかできないんですよ。

言ってしまった言葉は、もう消えない。どんな言葉もね。

だからマイナスの言葉は、しゃべっちゃいけないんですよ……なんて、五日市さん、言ってました。

16. 心が変われば運命が変わる

はい、続いて、高校時代の松井秀喜《まついひでき》を教えた野球部の監督さん、山下智茂《やましたともしげ》先生がおっしゃった言葉を教えます。

「心が変われば　行動が変わる
行動が変われば　習慣が変わる
習慣が変われば　人格が変わる

人格が変われば　運命が変わる」

出典：『心が変われば　山下智茂・松井秀喜を創った男』（松下茂典著　朝日新聞出版刊）

一番初めは「心」ですよね、**「心」が変われば、最後は「運命」が変わるんで**すって。

運命が変わるってことは、それまで不幸だった人でも幸せになれるし、その逆もありますよね。

で、みなさん今日の話を聞いてお気付きですか？

この「心」を変えるにはどうしたらいいんですか。

心を変えるのには、言葉を言うだけでいいんですね。

イライラしたとき、ありがとうって言えば、ありがとうの心が出てくるじゃないですか。

ツイてないな〜、と思ったときでも「ツイてるツイてる」って言っていれば、ツイているような気になってきますよ。
心、変わるじゃないですか。運命変わるんですよ。
実際ツイてくるんですよ。
言葉ひとつじゃないですか。

悪い言葉を使わずに「ありがとう」「感謝します」「ツイてる」これだけ言っていたら、みなさん、間違いなく幸せになれると思っています。
本当にそう思っています。

特別授業3

「与える者は与えられる」

――『鏡の法則』著者：野《の》口《ぐち》嘉《よし》則《のり》さんに学ぶ

「与える者は与えられる」……私は、この言葉を野口嘉則さんから教えていただきました。野口さんと言えば、あのベストセラー『鏡の法則』（総合法令出版）の著者です。

野口さんの公式ブログのテーマは、「幸せな人生」「豊かな人生」。野口さんがお持ちの幸せになるための考え方や情報を、たくさんの人に伝えて、ひとりでも多くの人に幸せになってほしい……そんな思いでいっぱいの温かいブログなのです。

『鏡の法則』も、もともとはブログに書かれていて、「自由に誰にでも教えてあげてください」とされていたもの。

野口さんの姿勢そのものが、まさに「惜しみなく与えること」を教えてくれるのです。

1. 営業マンYさんのお話

この授業で、お伝えしたいことは、「与える者は与えられる」です。

これは、野口嘉則さんのブログに載っていた話です。


営業マンのYさんは、かつて、新規のお客様にアポイントメント（会う約束）を取って会いに行くのが苦手でした。

なぜか躊躇《ちゅうちょ》する気持ちが出てきて、行動量も少なかったそうです。

当時は、「お客様に信頼してもらえるだろうか」「話を聞いてもらえるだろうか」「商品に興味を持ってもらえるだろうか」と、「してもらうこと」ばかり考えていたそうです。

あるときから、自分はお客様に「何を与えることができるんだろうか」と考えるようになったそうです。

お客様に信頼してもらえなかったとしても、お役に立つ情報を提供できないだろうか。

話を聞いてもらえなかったら、せめてお役に立つ資料を渡したい。

商品に興味を持ってもらえないときには、どんな形でお客様を喜ばせることができるだろうか。

とこれらを考えているうちに、アポ取りを躊躇する気持ちがなくなり、楽しく営業できるようになったそうです。

（出典：野口嘉則　公式ブログ（http://coaching.livedoor.biz/）

「信頼してもらえるだろうか」「商品に興味を持ってもらえるだろうか」なんて思っていても実際にはそんなに簡単に信頼なんてしてもらえないし、商品に興味も持ってもらえないものです。

だから「もらうことばかり考えている人」って、最後には「自分がこんなに頑張っているのに全然信頼してくれない」「話も聞いてくれない」「商品に興味を持ってもくれない」と、「……くれない」「……くれない」ってうまくいかないことを人のせいにするようになるんです。

こういう人のことを「くれない族」って言うらしいですよ。

「くれない族」の心の中はどうでしょう？

いつも、イライラです。いつも、不安です。

いつも、ストレスがたまっています。

ところが、このYさんすごいですね。

「何を与えることができるんだろう」って考えるようになったんですよ。

「なんとかしてお役に立ちたい、なんとかしてお客様を喜ばせたい」「喜んでもらえたらそれで満足だ」と思って働いている人の心はどうでしょう？

信頼してもらうとか、話を聞いてもらうとか興味を持ってもらうとか、そんなことはどうでもいいんです。

目の前の人が喜んでくれたら、それでいいんです。幸せですよね。

でも不思議とこういう気持ちで働いている人のところに、結果的にはいろいろなものが集まってくるんです。

人が集まってきたり、いい情報が集まってきたり……。

まさに**「与える者は与えられる」**ですよね。

2. ある鉄道会社の社長の話

これは、アメリカのお話です。

ある鉄道会社の社長が、線路の修理現場を視察しました。

すると、ひとりの作業員が親しげに話しかけてきました。

「久しぶりだね！　君もずいぶん出世したものだね。

君が社長になったと聞いたときは、本当に驚いたよ」

見ると、その作業員は約10年前に、社長と一緒に作業員として働いていた友人でした。そして、その友人は言いました。

「10年前は一緒に、50ドルの日給をもらうために働いていたのにね。君も変わったね」

社長は答えました。

「……そうだったのか。**君は50ドルをもらうために働いていたのか。私は、10年前も今も、この鉄道会社のために、そして、世の中の人に快適な旅をしてもらうために働いているんだ**」

と、話はここまでなのですが、目的って大事ですね。

50ドルを「もらう」ために働いている友人は、10年経っても、50ドルのためにしか働けないんですよ。

そして、50ドル以上のものはもらえないんです。

ところが、社長になった人は10年前も「どうやったら人の役に立てるんだろうか？」「どうやったら、人に喜びや幸せを与えられるのか？」と「与えるため」に働いています。もちろん、今でも同じです。

けど、仕事の中身は大きく変わりました。

10年前は作業員ですが、今は社長ですからね。

多分、ものすごくたくさんの人のために、いい仕事ができているんじゃないでしょうか。

みなさん、どうしてこの2人にこんなに大きな差ができたか、わかりますか？

「もらおう」と思って働いているのか「与えよう」と思って働いているのかの違いです。

その友人は、「50ドルのため」に働いているわけですよね。

一日、朝9時から夕方5時まで働いて50ドルです。

例えば、レールの工事をしていたとして、一日、一生懸命、必死でやって10メートル分工事しても50ドル、一日、のんびり働いて5メートル分工事しても50ドルです。

同じ50ドルなら、楽なほうがいいですよね。

「50ドルのため」に働いているんですから。

50ドルさえもらえれば、それでいいんですから。

上司が見ていないところで、手を抜くかもしれません。

……でも、絶対に見ていないと思っていても、そういうことは、いずれちゃんとバレるものなんです。

自分がこの人の上司だったら、この人には、責任ある仕事なんて任せられないですよね。

さらに難しい仕事なんて、与えられないですよね。

だから、いつまで経っても50ドルの作業員のままなんです。

それに引き換え、この社長になった人は、「世の中の人のため」に働いています。

「世の中の人に、喜んでもらいたい」と思えば……もちろん、工事だって、できるだけ早く進めるでしょう。

一刻も早く修理を終えて、みんなに使ってもらいたいですから。

少しでも早く作業を進めて、もしも時間が余れば、その時間で「世の中の人のために喜んでもらえること」を考えるでしょう。

もちろん、「世の中の人」の中には、「一緒に働いている人」も入るわけですから、少しでも、他の人たちが働きやすいように気を使うんじゃないでしょうか。

自分が使った道具はきれいに洗ってきちんと整頓しておくとか……「お疲れ様でした！」の、あいさつひとつだって、心がこもっていることでしょう。

……この人、めちゃくちゃ与えてますね。

周りの人たちやお客様や……その国の人たちに与えまくっています。

だから、ついには社長さんになって、高収入や地位が与えられたわけです。

でも私は、この社長さんは、高収入や地位なんかよりも、もっともっと価値のあるものが与えられてきたと思いますよ。

こんな思いで働いてきた社長さんですから、ホントにいい仕事、してきたんでしょうね。

周りの人から、本当に感謝されて、信頼されて「あの人と一緒に働けて良かった」と思われていたんじゃないでしょうかね。

これ、お金には変えられないものですよ。

感謝とか信頼って、いくらお金を出しても買えないものなんです。

この世の中、本当に価値のあるものって、お金じゃ買えないものですよね。

それが結果的に、この社長には与えられています。大きいですよ。

ホントに、何のために働くのかっていう目的って、大事ですね。

さて、どうですか?……みなさん、バイトしている人もいると思いますが、自分はどちらのタイプですか?

コンビニで、お客さんがいないとき……ラッキーと思って雑談したり、ダラダラ過ごしている人は、この「友人」と同じですね。

何か自分にできることはないかと仕事を探して、商品の陳列を直したり、机の上を拭いたりしている人は、「人財」になれる人、のような気がします。

「アルバイトだから」とか、「正社員だから」とか、そういうことは関係ないです。

アルバイトでいい仕事ができない人が、正社員になったからって、いい仕事ができるようになるなんて思えないです。

もしもみなさんがこの2人の上司だったとしたら、どちらの人を信頼しますか？

どちらの人と一緒に働きたいですか？

わかりきったことですよね。

3. 「与える者」になるために

さて、この法則には、ちょっと注意が必要です。

2つ注意があるんです。

ひとつ目は、**「与えてもらうために、与えてはダメ」**。

なぜかっていうと、与えてもらいたくて……つまり、見返りを期待して与えても、実際にはそんなにすぐには返ってこないものなんですよ。

人に与え続けたことが、回りまわって、予想外の場所から返ってくるものなんです。

それも、何倍、何十倍にもなって返ってくるんです。

この人に与えたからといって、その人からすぐに返ってくるものじゃないんですよ。

「与えられよう」という下心がある人からすれば、「なんだ、全然返ってこないじゃないか」ってことになって、やめちゃうんですよ。

返ってくる前に、続かないんですよ。

そんな下心があって、今か今かと見返りを期待している人は。

もうひとつは、**「自分を犠牲にして与えてもダメ」**。

自分を犠牲にして与えようとすると、嫌なことですから続かないんです。

我慢しなきゃできないことは、やめたほうがいいです。

「あ、これだったら続けられそうだな」と思うことを続けてください。


例えばね、「笑顔でみんなにあいさつする」……これなら、できるでしょう。

最初は勇気がいるかもしれないけど。

これだけでも、どれだけ周りの人に与えるでしょうね。

私が声を掛けたときに、笑顔で「はい！」って言ってくれれば、私はすごく与えてもらっていますよ。元気になりますよ。気分が良くなりますよ。

そういう些細なことでもいいんです。

でも、いつか返ってきます。本当に返ってきます。

一番良いことは、**与えることそのものが楽しいんだ、与えて、相手が喜んでくれればそれだけで嬉しいんだ、**と、そう思えたら理想です。

そんな気持ちで与えていたら、忘れた頃に返ってきます。

4. ジミー・カーチスの話

結核が、まだ〝死に至る病〟だった頃の、アメリカのある病院のお話です。


その病室にも死の宣告を受けた7名の患者が入っておりました。

ジミー・カーチスは、その一番窓に近いベッドに寝ていました。

自分で動くことができない患者の中で、ジミーだけが、唯一、窓の外を見ることができました。

死と隣り合わせの同室の患者は、みんな心がすさんでいました。

その患者を前にして、ジミーは窓から見える光景を、みんなに語り伝えるのです。

「おーい、みんな、今日は子供たちが遠足だよ。
黄色いカバンをさげている子がいるな。
いやぁ、ピンクの帽子をかぶっている子もいるよ。かわいいな。
3番目と4番目の子が手をつないで歩いている。
きっと仲良しなんだろうなぁ。あ、空には黄色い蝶々が飛んでいるよ」

ところが、ある日、朝起きてみると窓際に寝ていたはずのジミーがいません。昨晩、亡くなったのです。

すると、入口から2番目のベッドに寝ていたトムという男が、「俺をジミーが寝ていた窓際にやってくれ」と頼むのです。

しかし、看護婦さんたちは、顔を曇らせて、なかなか言うことを聞いてくれません。業《ごう》を煮やしたトムは、声を荒らげて怒鳴ります。

それで仕方なく、看護婦さんたちは、トムを窓際に移します。

喜んだトムは、「俺はジミーみたいに外の景色をみんなに話してなんて聞かせないぞ。自分だけで楽しむんだ」

そう思って窓の外を見たのでした。

ところが、窓から見えたのは、灰色の古ぼけた壁だけだったのです。

その瞬間、トムはジミーの思いがすべてわかったのです。

「ジミーは、壁しか見えないのに、自分たちのすさんだ心を励ますために、その壁の向こうに広がるであろうすばらしい世界を、ああやって語り聞かせてくれたんだ。

それに引き換え、自分ときたら、自分だけ楽しもうなんて、なんと浅ましい心の持ち主であろうか。なんという恥ずかしい自分であろうか」

心から懺悔《ざんげ》したトムは、ジミーに負けないくらい、素敵な思いやりを持って、次のように語り聞かせるようになったのでした。

「おーい、みんな、今日は花屋さんが通るぜ。車の中はバラの花でいっぱい

だ。前のほうは、あれはパンジーの花だな。あの隣の黄色いバラ。
甘い香りがするだろうな」

……と、話はここまでです。これは、NPO法人円ブリオ基金センターの理事をされている田《た》口《ぐち》朝《とも》子《こ》さんからお聴きしたお話です。

ジミーはね、みんなに与えたからといって、見返りなんて、何も期待していないですよ。

でもね、**ジミーは、与えることそのもの、みんなに喜んでもらうことそのもの、それが嬉しかった**んです。

でも、ジミーがした仕事はすごいですよね。

トムの人生を、一瞬にして変えています。

トムはそれまで心がすさんでいました。

きっと、辛い人生だったんでしょうね。

でも、**ジミーの「与える心」のおかげで、トムの人生は最後の最後に大きく変**

わりました。
人生の最期に「人の心」を取り戻させてあげたんです。
「与える心」って、すごいですね。
そういうことです。「与える者は与えられる」っていうのは。
与えることを、心から喜べたら嬉しいですね。

5. 与えることで生まれ変わったN君

1 こんなに本気で叱られたことはなかった……

次に、N君の話をしたいと思います。
N君がこの学校を選んだ理由は「ひとり暮らしがしたかったから」なんですっ

て。自宅からは遠くて、通えないんです。

ひとり暮らしさえできれば、どこでも良かったんですって。

なんでひとり暮らしがしたかったのかって言うと、家族とうまくいっていなかったからなんですって。

親ともうまくいっていない、お姉さんとも仲が悪い、だから家族と一緒に暮らしたくなかった。それだけで選んだんですって。

でね、彼の高校では、授業中どんなに寝ていても、携帯でメールしていても全然怒られなかったんですって。

授業サボっても、先生まったく怒らなかったんですって。

だから、ここに来ても、高校時代と同じようにやったそうです。

でも、みなさんもご存知の通り、ここはそんなことは許さないですよね。

ある日、授業が終わった後、I先生に呼び出されたそうです。

想像つきますよね。その後、N君は、I先生にこっぴどく叱られます。

私は知っています。I先生が本気で怒ったら、どれだけ怖いか……。

それだけ、本気だってことです。

N君は、I先生に叱られたときのことをこう言っていました。
「今までに、こんなに本気で叱られたこと一度もなかった」って。
本気で叱られて、心に響いたそうです。
「自分は悪かったなぁ」って思ったそうです。
そして、次の日から彼はガラッと変わります。
もう、授業中、絶対寝ないです。
それまで毎日のように遅刻してきていたのに、まったく遅刻しなくなりました。
生まれ変わるんですね。I先生に本気で叱られたことによって。
で、一生懸命授業を聴くようになったら、面白くなってきたんですって。
勉強が。

② 生まれて初めての「ありがとう」

そしてね、ある日の休み時間に、あるクラスメートが質問に来たんですって。
N君が教えてあげたら、そのクラスメートは**「ありがとう」**って言って、自分の席に帰って行ったそうです。

これ、別に普通のシーンですよね。どこの教室でもありそうなシーンですよね。

ところがね、彼はこのときのことを、こう言っています。

「人から頼りにされて、心からの感謝の言葉を言ってもらうなんて、初めてでした」

彼、高校時代、どんな子だったかっていうと、授業中、寝る、サボる、携帯、ガム……当たり前だったそうです。

でも、それだけじゃないんです。ものすごく暗かったんですって。

周りの人たちからは、「お前、自殺するんじゃないの?」って言われるくらい、暗かったそうです。

さらには、周りの人のことに関心がなくて、「人のことなんてどうだっていい。自分さえ良ければそれでいい」ってね、ずーっと思っていたそうです。

その彼が、初めて人から頼りにされて「ありがとう」って言ってもらった……

生まれて初めて。

彼にとっては衝撃なんですね。

「人に頼りにされるって、こんなに嬉しいことなんだ！」って思ったそうです。

それからのN君はすごいんですよ。

なんと、**自分のクラスメートに勉強を教えるために、クラスメートが、いつ、どんな質問をしてきても正確にちゃんと教えられるように、そのために授業を一生懸命聴くんです。**

ちょっとでもわからないところがあれば、先生に質問にも行きます。

いろんなものを調べます。

そして、**クラスメートに教えるために、毎日夜8時まで学校に残るんです。**

教室で勉強を教えていたんですよ。もちろん、自分の勉強もあります。

でも、そんなもの置いておいてでも、とにかく教えまくるんです。

私、N君にこう聞いたんです。

「そんなに毎日遅くまで残って教えてあげるの、嫌じゃなかった？」

そしたらね、ちがうんですよ。N君、こう言うんです。

「教えることが、嬉しくて楽しくてしょうがなかった」って。まさに、与えることそのものを喜んでやっていたんです。

③ ひとりで泣いた誕生日

でね、N君に「そこまでみんなに与えていたら、逆になんか良いことあったんじゃないの？」って聞いたんですね。

そしたらね、2年生の誕生日のことを話してくれました。

N君の誕生日に、アパートで隣の部屋に住んでいた、同じクラスのY君って子が、「誕生日だから、2人で鍋でもしようよ」って言ってくれたんですって。

そしたらね、その日、なんとN君の部屋には、もう入りきらないぐらいのクラスメートが集まって、N君のために、誕生パーティーをしてくれたんですって。

さらには、次の日学校に行くでしょ。

そしたら、昨日のパーティーに来られなかった子が「昨日、行けなくてごめんね。でもプレゼント買ってきた！」って、N君のところにプレゼントを持ってきてくれたんですって。

それも、ひとりや2人じゃなくて、何人も持ってくるんですって。

その日、N君の机はプレゼントの山になったそうです。

N君は、その日、両手に抱えきれないくらいのプレゼントを持って帰りました。

……アパートの部屋に帰って、ひとりで泣いたそうです。


そりゃぁ、嬉しいですよ。

プレゼントが嬉しい、ってことじゃなくて、その心が嬉しいじゃないですか。

クラスメートみんなの。

高校まで、「自分さえ良ければ、どうだっていい」って考えていたN君。

みんなからそんなプレゼントをもらって、本当に嬉しかったと思います。

まさに、「与える者は与えられる」です。

④ そして世界が変わった

今、彼は、システムエンジニアの仕事をしています。

「『人のために働きたい』と本気で思えている自分に、自分が一番びっくりしている」って言っています。

どうですか。

今みなさんが「将来何のために働くか」って聞かれたときに、**心の底から「人の役に立ちたい」ってそう思えたとしたら、そんな自分が嬉しくないですか。**

でも、本気でそう思える人って、なかなかいないですよね。

N君は、「本気でそう思える」って。

「そう思える自分が嬉しい」って言ってます。

で、私は彼に聞いたんです。ほら、最初、N君は家族とうまくいっていませんでしたよね。だから、「で、今、家族とどうよ？」って。

そしたらね、彼は今また長野市でひとり暮らしをしているんですが、「初任給で、家族にいっぱいプレゼントを持って帰って、その日は家族で食事をして帰ってきました」って言うんですよ。

お姉さんもひとり暮らしをしているそうなんですが、しょっちゅう一緒にご飯を食べに行っているんですって。**「今、自分にとって、家族がものすごい大事だ」**って。不思議だよね。

ひとつうまくいったらね、ドンドン自分の周りの世界が変わっていくんですよ。

彼の話を聴いて本当にそう思いました。

みなさん、「どうして、家族を大切にできるようになったんだろう?」って思うでしょ。

高校時代の彼は、自分のこと、好きじゃないんですよ。「自分さえ良ければいい」なんて思っている自分は、本当は好きじゃないんですよ。

そうすると、自分のルーツである、親や家族も受け入れられないんです。

自分のことが好きじゃないから、自分の元である、親も好きじゃないんです。

認められないんです。自分のルーツというか、源泉は親ですからね。

こんなときは「親のせいで自分はこうなった」って、心のどこかで思っているものなんですよ。

今、N君は、**「人の役に立ちたい」と本気で思えている自分が好きなんです。嬉しいんです。**

そう思えたとき、初めて自分のルーツである親も家族も好きだ、大事だって思えるんです。「親のおかげで、今の自分がある」って。


だから、**「自分を受け入れる」ってすごく重要ですよね。**

自分のことが嫌いだったら、家族も嫌いですよ。

だから、そこがひとつうまくいったらドンドン変わるじゃないですか。人生は。

与えるパワーっていうのは、すごいですね。

人に与えているつもりでも、実はすごく自分のためになっているんです。

与えることのできる自分が、嬉しいんです。

自分が好きになるんです。

6. あなたの心は縛られていませんか？

さて、「自分を受け入れること」が重要だという話をしましたが、自分を受け入れる……自分を認めることに関して、「強烈な妨げとなる想念」があるんです。

それは、実は、「許せない」という思いなんです。

「許せない」……言い方を変えると、責める心、裁く心、被害者意識、ねたみ、憎しみ、恨み……こういう思いは「安らぎある人生」の実現を妨げるって野口嘉則さんは言っていました。私もそう思います。

今、どうですか？　人のせいにしていないですか？

自分は被害者だって思っていないですか？

人のことを「あいつはこうだからできないんだ」とか、「こうだからダメなんだ」とか、裁いていないですか？　そうすると、いつかは自分も裁かれます。

でもね、「許せない」という気持ちって、簡単になくすことなんて、できないじゃないですか。

そこで、それを打ち消す、すごくパワフルな想念があります。

それは、「感謝」の想念なんです。その人や、その出来事やいろんなことに関して、ありがたいと思えるかどうかなんです。

そんなこと言っても、なかなか「感謝」の想念なんて出てこないかもしれないですよね。

でもね、野口さん、こう言うんですよ。形入法……形から入る方法ということで、感謝なんてできなくても形から入って「ありがとう」って言ってみるんです。感謝の言葉を紙に書くんです。これを繰り返していたら、そういう心が出てきます。ありがとうの心が出てくるんです。

ありがとうの心が出てきたら、「許せない」という心がなくなっていきます。

「許せない」という心がなくなったときに、みなさんの手に入るのは、みなさん

の「心の自由」です。「精神的自由」です。

みなさんの心は、「許せない」って思っているときは縛られているんですよ。自由じゃないんですよ。

でも、感謝の心で許せたときに、精神的自由が手に入ります。穏やかになります。ストレスもたまりません。

だから、実は許すのは相手のためのようでいて、自分のためになるんです。

いろんなものに感謝できるそんな人になってほしいなと思います。

「与える者は与えられる」、ぜひ、実践してください。

みんなが与えることができるもの、いっぱいありますよね。

笑顔や、元気のいいあいさつだったり、家族への感謝の言葉だったり……何でも。

ご飯食べた後、お母さんに「おいしかった、ありがとう」のひと言でもいいんですよ。そのひと言で、きっとみなさんが想像する以上に、お母さんは喜ぶと思いますよ。今日からやってみてください。

1. 雁《かり》の群れの秘密

さて、下校前に最後のお話をさせてください。題して、

「冬を越すために南に向かう雁が
V字型の編隊を組んで飛んでいくのはなぜか？」

です。

なんと、V字編隊で飛ぶと、一羽で飛ぶよりも7割も遠くまで飛べるんですって。

前の雁が羽ばたくと、後続の雁のために、上昇気流を作り出すことができるの

で、**後続の雁は楽に飛ぶことができます。**

後ろの雁は、ガーガー鳴いて前の雁を励まします。

先頭の雁は疲れると、最後尾に回って別の雁と交代します。

V字型の編隊から脱落しそうになっても、一羽で飛ぶと抵抗が大きいので、すぐに編隊に戻ってきます。

群れの一羽が病気やケガで脱落すると、二羽の雁が助けるために、付き添って地上に降りてきます。

この二羽は、脱落した雁が回復するか、死ぬまで一緒にいてその後の新しい群れに加わるか、独自の編隊を作って元のグループに追いついていくんです。

……すごいですね。雁って。

仲間同士、助け合って飛ぶことによって大きな力を作り出し、一羽では考えられないくらい遠くまで飛んでいくことができるんです。人間と一緒ですね。

同じ志《こころざし》を持ち、同じ目標に向かって一緒に進む人がいると、信じられないくらいのパワーを発揮できるんです。

「1＋1」が「5」にも「10」にもなるんです。

2. 勉強は個人戦ではない!?

木下晴弘さんは、長年、大手進学塾で講師をされていた方です。数え切れないくらいの生徒やクラスを指導して、ものすごい成績を上げていました。その木下さんが、以前こんなことをおっしゃっていました。

「受験勉強は個人戦ではありません。団体戦です」

みなさん、どう思いますか?

勉強って、個人戦ですよね。自分さえ頑張ったら結果が出ますよね、そう、思いますよね。ところが木下さんはこう言うんです。

「『いじめ』や『仲間はずれ』のあるクラスでは、ボーダーラインの子供たちが、ことごとく不合格になるんです。

逆に『みんなで頑張ろう！』という雰囲気のクラスは、同じボーダーラインの子供たちが、みんな合格するんです」

不思議ですよね。でも私、実はすごく納得したんです。

「自分さえ良ければそれでいい」という自分は、自分でも、本当は好きじゃないんですよね。

そんな自分は、「クラスの中で必要とされている」なんて思えないんです。そんな人がいざ本番のときに、自信を持って自分の力を発揮できるかと言われれば、やっぱり違うじゃないですか。

でもね、「みんなで頑張ろう！」ってクラスは、みんな**「僕はあのクラスの一員だ。みんなで頑張ってきたんだ」**って思いがあるんです。

その思いが、自分の最高の力を発揮させるんじゃないでしょうか？

自分の居場所があるかないか、というのは大きなことなんです。

もちろん、これは受験勉強に限ったことではなくて、スポーツも、仕事も、それから家族も一緒だと思うんですね。

仲の良いチーム、仲の良い職場、仲の良い家族だったら、みんな最高の力を発揮できるんじゃないでしょうか。

まさしく、雁の群れと一緒です。

お互いに「ありがとう」と言い合えるような雰囲気があれば、お互いを認め合って仲が良いでしょうし、最高の力を発揮できると思います。

だから、**周りに、「ありがとう」って言える人がいるってことは、本当に幸せなこと**なんですね。

3. 直接「ありがとう」が言える幸せ

みなさんは、今まで、親にいろいろとお世話になって学校に通わせてもらっていたわけです。ですから、みなさんこれから社会人になるにあたって、親にちゃんと感謝の気持ちを伝えてほしいなと思うわけです。

親が元気でいるとか、親が働いて学費を出してくれるとか、**親が食事を作ってくれる**とか……もしかしたら、みなさんはそれが当たり前だと思っているかもしれません。

ですが、**もしも、突然親がいなくなってしまったら**……と考えてみてください。

自分が今まで、いかに幸せだったかがわかると思います。

親が元気でいて、直接、感謝の気持ちを伝えることができるって、本当に幸せなことですよね。

だからこそ、就職という、この節目の時期にきちっと感謝の気持ちを伝えてほしいなと思うわけです。

感謝の気持ちって本当に大事です。

当たり前だと思っている生活の中にこそ、ありがたいことが、たくさんたくさん隠れているんですよ。

友達に「おはよう」って言えること、毎日帰って寝る家があること、こうやって勉強できること、親がいろいろと心配してくれること……そういう「当たり前の生活」が、どれほどありがたいか。

当たり前の生活のありがたさに気付いた人は、間違いなく幸せです。

毎日の生活の中で、些細なことにも幸せを感じられれば、もう毎日、幸せでいっぱいじゃないですか。

「あいさつできる家族がいて、ありがたいなぁ」

「親が産んでくれたおかげで、こうやって友達と遊べるんだ」

「自分の足で歩けるって幸せだ」

そんな風に、すべてのことに感謝して、幸せに気付ける人になってください。

感謝の心、絶対に忘れないでください。これ、すごく大事です。

そうすれば、間違いなく、みなさんは幸せな人生を送ることができると私は、そう信じています。

みなさん最後までこの授業を、受けてくださいましてありがとうございました。

ぜひ「3つの約束」を、明日から、いや今日から、実践してみてください。必ず何かが変わってくるはずです。絶対に変わります。

以上で私の授業は終わりです。

私は、これからもずっと、みなさんの幸せを本気で願っています。

本当にありがとうございました。

比田井　和孝

人物紹介　※紹介は本書登場順

吉田松陰　よしだ・しょういん（1830〜1859）

長州藩士、思想家、教育者、兵学者。明治維新の事実上の精神的理論者とされる。「至誠にして動かざる者は未だこれ有らざるなり」（至誠をもって対すれば動かすことができないものはない）、「志を立てて以《も》って万物の源と為す」（まず志を立てればそこからすべての行動が決まる）など数多くの教えと自身の情熱で、多くの人たちの心を揺り動かし影響を与えた。

三國清三　みくに・きよみ（1954〜）

北海道生まれ。15歳で料理人を志し、札幌グランドホテルにて修業を始める。その後、帝国ホテルに移り、修業を続ける。20歳のとき、帝国ホテル村上料理長の推薦で駐スイス日本大使館の料理長に就任。退任後、トロワグロ、アラン・シャペルらの三ツ星レストランにて修業を重ねる。数々の功績を認められ、フランスのルレ・エ・シャトー世界五大陸トップシェフ5人の中の1人に選ばれた。著書に『体の中からきれいになるミクニごはん』（朝日出版社）ほか。

村上信夫　むらかみ・のぶお（1921〜2005）

「ムッシュ村上」の愛称で親しまれ、帝国ホテルの料理長を26年間勤める。またNHK「きょうの料理」の名物講師として家庭へプロの味を広めた。バイキング方式を初めて行ったことでも有名な人物である。長い間日本のフランス料理界をリードし続けた。

木下晴弘　きのした・はるひろ（1965〜）

大阪府生まれ。進学塾講師時代、「授業は心」をモットーに、学力だけでなく人間力も伸ばす指導を行い、生徒、保護者から絶大な支持を受ける。2001年、㈱アビリティトレーニングを設立し、教師向けセミナーを実施する。すでに全国5万人を超える教師に豊富な経験から培われた技術と熱い思いを伝えている。著書に『できる子にする「賢母の力」偏差値15ポイントアップ!』（PHP研究所）、『ココロでわかると必ず人は伸びる　感動の数だけ力に変える6つの〝教え方〟』（総合法令出版）など。

鍵山秀三郎　かぎやま・ひでさぶろう（1933〜）

東京都生まれ。疎開先の岐阜県より単身上京し、自動車用品小売業者に就職。その後、㈱ローヤル（現㈱イエローハット）を設立。業界最大手まで成長させる。現在、「日本を美しくする会」相談役として社会活動などに従事し、「謙虚な気持ちこそ商売を始め、すべての人間存在の基礎である」という考えを日本中に広めている。著書に『掃除道　会社が変わる・学校が変わる・社会が変わる』（ＰＨＰ研究所）、『頭のそうじ　心のそうじ　人生をキレイにする』（サンマーク出版）。

佐藤芳直　さとう・よしなお（1958〜）

宮城県生まれ。㈱船井総合研究所にて、20代からトップコンサルタントとして活躍。幅広い分野で船井総研随一の成功事例を生み出し続け、船井幸雄氏をして「10年に一人の天才コンサルタント」と言わしめた。惜しまれながら同社常務取締役を退任し、㈱Ｓ・Ｙワークスを設立する。「１００年続く企業」をテーマとした情熱的な佐藤哲学には熱烈なファンが数多く存在する。著書に『「顧客満足経営」の極意　お客がお客を連れてくる！』（同文舘出版）『〝１００年企業〟を創る経営者の条件　独自固有のブランドの築き方・育て方』（大和出版）ほか。

船井幸雄　ふない・ゆきお（1933〜）

大阪府生まれ。㈱日本マーケティングセンター（現㈱船井総合研究所）設立。経営コンサルタント会社として世界ではじめて株式上場させる。経営指導のプロとしてコンサルティングの第一線で活躍し、日本最大級の経営コンサルタント会社に成長させる。上場企業から中小企業まで幅広く経営アドバイスをし、その企業の業績を伸ばし、『経営指導の神様』と呼ばれている。著書に『実践本物の経営　大変革期を乗り切る指針』（ダイヤモンド社）、『夢、実現!!　大きく差がつく、たったこれだけの違い』（ビジネス社）ほか。

西郷隆盛　さいごう・たかもり（1828〜1877）
日本の武士・薩摩藩士、軍人、政治家。薩摩藩の盟友大久保利通、長州藩の木戸孝允（桂小五郎）と並び、「維新の三傑」と称される。

本田宗一郎　ほんだ・そういちろう（1906〜1991）
静岡県生まれ。「本田技研工業」を「世界のホンダ」へと躍進させた。その手腕と仕事にかける情熱は、多くの業界で模範とされ、今なお絶大な支持を集めている。Ｆ１を始めとするレーシングマシンの開発・提供にも意欲的に参加し、数多くのタイトルを獲得した。

イチロー【鈴木一朗】すずき・イチロー（1973〜）

愛知県生まれ。メジャーリーグで活躍する日本人プレイヤー。日本球界で活躍後、メジャーリーグ「シアトル・マリナーズ」へ入団。初年度よりタイトルを獲得し続け、前人未到のMLB年間最多安打新記録262本をも樹立する。日本人最速で3500本安打（日米通算）も達成した野球界の至宝である。

衛藤信之　えとう・のぶゆき

南カリフォルニアで花開いた人間性心理学（人間をデータ化せず多彩な心の反応をそのまとらえる心理学）を学ぶ。帰国後、カウンセリングの臨床を通して独自のプログラムを開発。日本で従来行われている理論中心の心理学に変わり、新しい切り口として実践的で日常に役立つ人間関係スキルを紹介。学派にとらわれることのない多彩な技法が笑いの中に学べる「吉本風心理学」と各方面で好評。現在、個人カウンセリング、講演研修活動、各地大学でゲスト講師として日々活躍中。著書に『幸せの引き出しを開けるこころのエステ～夢をかなえるカギはあなたの中にある』（ゴマブックス）ほか。

五日市剛　いつかいち・つよし（1964～）

岩手県生まれ。工学博士。某大手企業で新規事業および研究開発に従事し、その後自ら会社を興す。現在、数社の役員や顧問も兼任しており、新技術および新規事業の創出に関わっている。学生時代に、イスラエル旅行での出会いがきっかけで人生がガラリと好転。その講演録『ツキを呼ぶ魔法の言葉』（とやの健康ヴィレッジ刊）は口コミで100万部突破の大ベストセラーとなり、その関連図書を含めると、累計で250万部を超える。著書に『ツキを呼ぶ魔法の言葉　ゴールドラッシュ』（マキノ出版）、『運命が変わる未来を変える』（ビジネス社）ほか。

野口嘉則　のぐち・よしのり（1963〜）

成功法則、自己実現の法則、幸せの法則を長年にわたって研究してきた「人生の法則の専門家」。リクルートへの入社を経て、メンタルマネジメントの講師として独立。のべ3万人以上に講演する。EQコーチングの第一人者となる。著書に『鏡の法則』（総合法令出版）、『3つの真実』（ビジネス社）ほか。

田口朝子　たぐち・ともこ

NPO法人円ブリオ基金センター理事・生命尊重センター副代表。胎児の命を救うために、母親の支援や、命に関する講演会など、様々な活動をしている。

おわりに

最後になりましたが、この本をまとめました、比田井美恵から少しお話をさせてください。

私と、夫の比田井和孝は、ともに長野県の上田情報ビジネス専門学校（http://www.uejobi.ac.jp/）、通称「ウエジョビ」に勤めています。

ウエジョビでは、「すべては学生のために」をモットーに、心を育てる取り組みをしています。「学生に幸せになってほしい」と本気で考えているのです。ここで言う「幸せ」とは、資格や就職といった「目先の幸せ」ではありません。

「教育の真価は10年後に問われる」という言葉がありますが、卒業して10年後、20年後……「私たちの手が届かなくなったときの幸せ」が、本当の意味での幸せだと思うのです。そのために、学生たちに「自分のチカラで幸せになるチカラ」を身に付けてもらいたい……とそんな風に考えています。

学生の幸せのために行っていることのひとつとして、「就職対策授業」があります。比田井和孝が「こういう授業が絶対必要だ！　私がみんなに伝えたいんだ！」と、２００４年11月にスタートしたものです。以来、比田井和孝は、ドンドンこの授業にのめりこんでいきました。自宅でも毎日、授業や学生の話ばかり。でも、その話がとても興味深いので、単純な私は、毎回感動してしまっていたのです。

「ねぇ、私もその授業受けたい！　一番後ろで静かに聴いているから受けさせてよ～」……と何度もお願いしましたが、そのたびに彼はかたくなに拒否。そこでやむなく、デジカメで授業を録画してきてもらい、ひとりで観ながら書いたものが、この本の元となったメールマガジン『私が一番受けたい授業』。

題名の「私」は、まさに私のことなのです。

メルマガを出してから、一気に世界が広がりました。それまでには考えられなかったような方々とのたくさんの出会いがあり、数え切れないほどのメールやお手紙をいただきました。

「前向きになりました」「母親に優しくできるようになりました」「ボロボロ泣きました」「私の人生は変わりました。奇跡です」などの言葉に、励まされ、勇気付けられました。読者の方からの感想は、私にとって「命の水」なのです。

読者の方からいただいた感想の中で、特に心に残っているRobertさん（日本人です）からのメールを紹介させてください。

アメリカに単身赴任していらっしゃるRobertさんは、もともと語学がお好きで、ワールドワイドなお仕事にあこがれ、希望して、アメリカ常駐となりました。ところが、いつの間にか孤独感にさいなまれ、怠惰《たいだ》な生活を送り、当初抱いていた大きな目標も消え、生きがいすらなくなり、何のためにアメリカにいるのかまでも忘れかけてしまっていたそうです。

そんなときに、このメルマガを読んで感動して、「どうしても返信せずにはいられない」と、こんなメールを送ってくださったのです。

「……このように落ち込んでいた私が、メルマガを読ませていただき、深く感動しました。

これまでの自身の生活と仕事に対し、反省させられることばかりでした。

次元は異なりますが、同じアメリカで戦う野球戦士のイチロー選手と、ビジネス戦士としての自分を省みたときに、あまりのレベルの違いを痛感しました。
この間、何度も何度も読み返し、今一度、真剣に、本気で、至誠を全うできる人間となれるよう、頑張ることを決意することができました」

……私は、このメールを読んで、あまりのありがたさに、思わずパソコンに向かって手を合わせてしまいました。私のメルマガがきっかけで何かを変えようとしてくださっている人がいるなんて……嬉しくて泣きました。メルマガを書いていて本当に良かった……としみじみ思いました。

そして、Robert さんへのお礼のメールをお送りした数日後、また Robert さんからのメールが届いたのです。

「私はアメリカのシカゴ市の近くに住んでいます。
自然豊かな場所で、夏暑く、冬は大変寒く、既に連日マイナス気温の天候となっています。
先週のことです。私がお客様との打ち合わせを終え、駐車場にとめた車に乗ろうとしたときです。

上空に、それはそれは、みごとなV字編隊の雁の集団が飛来してくるのです。そのみごとなV字編隊にしばし見入っていると、私の頭上あたりに来たら、先頭の一羽が少し後ろに後退し、後続の三羽目と四羽目のスペースに入ったのです。次の瞬間、一気にV字編隊がゴチャゴチャ状態に崩れたのです。その様子をずっと見続けていたのですが、そしたら、数秒後には、また、みごとなV字編隊となって、南方へと飛んでいきました。しばらくの間動けず、感動しながらずっと上空を眺めていました。これこそまさに、先日配信頂いたメールにあった内容そのものだったのです。感動してしまいました。

どうしてもお伝えしたく、メールを書かせて頂きました」

すばらしいシーンですよね。私は見たことはありませんが、Robertさんの描写、とても細かくてリアルです。

ホントに見た人にしか書けないものですよね……感動です。

志を持ってアメリカに渡り、至誠を全うしようと決意を固めたRobertさんにとっては、まるで雁たちが励ましてくれているように思えたのではないでしょうか。貴重な、宝物のような体験だったことでしょう。

そしてさらに1カ月後、Robertさんから、またまた嬉しいメールが届きました。

「何かアクションを起こすときや二者択一を求められるときには、ついつい楽な道、安易な手法を選びそうになるのですが、最近では、私も、〝至誠、至誠〟とつぶやき、〝イチロー選手ならば、どうするのだろうか〟と自問自答しながら、あえて挑戦するようにと、自分を律することができるようになりました。

そして、〝時間を味方にする〟……これがわかっただけでも大きな前進です。今回配信して頂いた『3つの約束（あいさつ、掃除、素直）』についても、いろいろと考えました。

この当たり前のようなことが、実は大変難しく、奥の深いことがわかりました。そして、私自身が、実践できていなかったことに気付かされました。

本当に驚きです。

こんなに簡単に思えるようなことでも、実は大変難しいものだったんです。

そこで、会社のトイレ掃除、玄関掃除を実践してみました。

アメリカ人のように、満面の笑顔であいさつしてみました。

そして素直な心で接するように一念を変えました。

ただこれだけなのですが、実に多くのことを学ばせて頂き、その結果メンタルな部分もありますが、目に見える形で変化してきたのです。

恐るべし、〝3つの約束〟です。

本当に、感謝です。こんなにも、変われるなんて。

貴校は、専門学校にして単なる専門学校にあらず、人間教育、人間育成に、最も力を注いでいる学校のような気がしました。

私も、間接的に貴校に学ばせて頂いている生徒のひとりのように、思っております」

Robertさんの、物事に対する姿勢、つまり「あり方」には、たくさんのことを教えてもらいました。そして、「私たちの目指している方向は間違っていない」という大きな自信を頂きました。本当にありがたいことです。

本との出会いも、人との出会いと同じくらい大切です。「出会いは宝」です。あなたにこの本を読んで頂けたのも、大事なご縁。何か心に残る話を見つけて頂いて……それが、あなたの幸せに結びつくようなきっかけになれば、こんなに嬉しいことはありません。

授業の中で、「幸せな人の周りにいる人は、幸せなんです。幸せっていうのは、どんどん広がっていくんです」という言葉がありました。

ですから、あなたが幸せになれば、あなたの家族も幸せ、友人も、職場の人も幸せ、近所の方も幸せ……と、少しずつ、「幸せの輪」が広がっていくのではないかと思うのです。

そして、その輪がドンドン広がれば、日本中、世界中の人が幸せになれるような気がするのです。「そんな大きなこと言ったって……」と思われるかもしれませんが、でも、比田井和孝も私も、本気でそんなことを考えているのです。

ちっちゃなことでいいんです。

できることからでいいんです。何かひとつでもいいので、行動してみてください。「幸せ」につながる何かを。行動してみて初めてわかることが、たくさんあると思います。


私は今、信じられないくらい幸せです。幸せで胸がいっぱいです。すべてはみなさんのおかげです。ありがたいことです。

本当にありがとうございました。いくら感謝しても足りません。

ありがとうございました!!　心から感謝です！

私は、あなたが、本当の意味での幸せになることを、心から願っています。

そして、あなたの家族や、あなたの職場の方や……とにかく、あなたと関わるすべての方々の幸せを心から願っています。

最後までお読み頂き、本当にありがとうございました。

比田井　美恵

参考文献

『人間・本田宗一郎の素顔モノづくり日本の原点』ごま書房編集部編、原田一男文（ごま書房新社VM）、『わが友　本田宗一郎』井深大著（ごま書房新社VM）、『本田宗一郎　情熱と涙』原田一男著（ごま書房）、『本田宗一郎の見方・考え方』梶原一明監修（PHP研究所）、『本田宗一郎　夢を力にするプロの教え』本田宗一郎研究室編（アスペクト）、『掃除道　会社が変わる・学校が変わる・社会が変わる』鍵山秀三郎著、亀井民治編（PHP研究所）、『イチロー「勝利の方程式」〈2002年〉』永谷脩著（三笠書房）、『ディズニー7つの法則　奇跡の成功を生み出した「感動」の企業理念』トム・コネラン著、仁平和夫訳（日経BP社）、『幸せの引き出しを開けるこころのエステ〜夢を叶えるカギはあなたの中にある〜』衛藤信之著（ゴマブックス）、『五日市剛さんのツキを呼ぶ魔法の言葉　講演筆録』五日市剛著（とやの健康ヴィレッジ）、『心が変われば　山下智茂・松井秀喜を創った男』松下茂典著（朝日新聞出版）、本田技研工業㈱ホームページ「本田社史50年」、野口嘉則公式ブログ、『帝国ホテル厨房物語』村上信夫著（日本経済新聞社）

本書は、ごま書房新社VMより刊行された『私が一番受けたいココロの授業』を文庫収録にあたり、再編集したものです。

あなたの人生《じんせい》が変《か》わる奇跡《きせき》の授業《じゅぎょう》

著者　比田井和孝（ひだい・かずたか）、比田井美恵（ひだい・みえ）
発行者　押鐘太陽
発行所　株式会社三笠書房
〒102-0072 東京都千代田区飯田橋3-3-1
電話　03-5226-5734（営業部）03-5226-5731（編集部）
http://www.mikasashobo.co.jp
印刷　誠宏印刷
製本　ナショナル製本

 ISBN978-4-8379-6650-0 C0130

王様文庫